IN MEMORIAM

PAUL FISCHER

AGRÉGÉ DE L'UNIVERSITÉ

TUÉ A L'ENNEMI LE 29 OCTOBRE 1914

PARIS

1917

PAUL FISCHER

1890-1914

IN MEMORIAM

PAUL FISCHER

AGRÉGÉ DE L'UNIVERSITÉ

TUÉ A L'ENNEMI LE 29 OCTOBRE 1914

PARIS

1917

Si ce livre ne devait pas être dédié au disparu lui-même, il le serait

A LA FACULTÉ
DES LETTRES DE PARIS

A cette Sorbonne que, séparé d'elle par la distance, mais tout près d'elle par la pensée, celui qui en fut l'élève, se souvenant des jours heureux qu'il y avait passés, se plaisait, peu de temps avant sa mort, à appeler sa « chère maison ».

En août 1914, la France prit les armes, pénétrée de la
grandeur autant que de la justice de sa cause. L'heure
était grave, la nation la rendit solennelle : les divisions
cessèrent, les partis se turent, l'antagonisme des classes
s'évanouit ; toutes les pensées, tous les regards se portèrent
vers la frontière.

Là, comme aux batailles qui suivirent, l'Université se
trouva largement représentée. Elle l'y fut non moins
dignement. Dans la phalange d'élite qu'elle fournit à la
patrie, les héroïsmes abondèrent. Que de belles intelli-
gences, par contre, furent anéanties en ces journées de
bravoure, et de deuil à la fois ! Que de jeunes gens à qui
l'avenir prodiguait ses sourires disparurent sous la
mitraille ! Morts glorieuses, dira-t-on. Certes ! et même
enviables ; mais, pour la science, déplorables au premier
chef, et, pour plus d'une famille, cruelles au dernier point,
car où sont maintenant tant et tant d'êtres chers, c'est
souvent un secret que la terre garde obstinément. Aux
brises d'avril, les plaines et les coteaux dénudés, ravagés
par les obus, reverdiront peu à peu. Tout dans la nature

aspire à cette renaissance, depuis le champ délaissé guettant le laboureur, jusqu'à la lande infertile souriant au grillon qui y psalmodiera sa chanson ; or, décevante ironie ! ce gazon reviendra pour dérober plus complètement encore, aux regards des parents qui les cherchent, les restes épars de ces morts sans tombeau.

Perdu dans le nombre, gît quelque part, en Artois, un jeune agrégé d'histoire qui ne quitta la Sorbonne, est-il permis de dire sans grande exagération, que pour tomber au service de cette cause sacrée. C'était mon fils, mon unique enfant. Les personnes qui l'ont connu pourront le revoir un instant, à la lueur des faits relatés dans ce livre.

Ils se suivent dans l'ordre chronologique, sans pour cela toutefois constituer une biographie, au sens rigoureux du mot. Ils éclairent sa vie plus qu'ils ne la retracent : bien des détails manquent, bien des épisodes. Ce sont de simples souvenirs, abondants, précis, à certaines pages, pauvres, vagues, à d'autres, selon l'heure où ils vinrent traverser ma tristesse, les conditions dans lesquelles s'y attacha alors, ou s'y déroba, ma pensée, la complaisance enfin, faut-il dire la fidélité ? d'une mémoire non exempte déjà de fatigue. Rassemblés presque aussitôt après le coup que le destin m'avait porté, ces souvenirs n'étaient d'ailleurs aucunement destinés à être publiés. Je leur avais demandé d'endormir momentanément ma douleur, c'était tout. Quand la mort a bouleversé un foyer, et que le fardeau de l'existence devient par trop lourd, l'homme se retourne instinctivement vers le passé ; il semble y chercher les forces nécessaires à la continuation de la route, et de fait il les y trouve parfois : si cette évocation d'années évanouies ne ramène point ceux que nous aimions, elle peut du moins, par instants, donner l'illusion qu'ils ne nous ont pas quittés.

Or l'enfant brusquement enlevé à mon affection avait peu à peu reparu sous ma plume, et, de récit en récit, j'étais arrivé à la fin de ses études à la Sorbonne, lorsque je voulus préciser divers épisodes qui ne s'étaient représentés que confusément à mon esprit. Je fis appel à la mémoire de quelques amis. De question en question, je fus amené, pour remplir exactement les blancs laissés dans les pages, à donner lecture des passages où ils existaient. On prit à cette communication un intérêt que je n'avais pas soupçonné; il alla, en effet, jusqu'à trahir comme un secret désir de posséder la teneur de ces pages. En chercher l'explication ailleurs que dans la sympathie que toute infortune éveille eût été, de ma part, plus que de la suffisance : c'eût été méconnaître un des beaux côtés de notre nature. Cependant cet intérêt survécut au sentiment qui lui avait donné naissance, et, franchissant même insensiblement le cercle étroit dont j'ai parlé, finit par se propager. Je dus songer à l'impression du manuscrit.

Pour moi certes, ce ne pouvait qu'être une satisfaction très douce que d'assurer ainsi le souvenir du fils si tôt perdu. L'humble monument que j'élèverais à sa mémoire n'aurait pas grande durée, c'était évident, mais tout en s'effritant d'année en année, il résisterait suffisamment peut-être pour ne s'effondrer qu'avec le dernier de ses condisciples ou le dernier de ses amis; ce serait un demi-siècle de survie. Puis, dans la réalisation de ce projet, j'entrevoyais quelque chose de plus : j'aurais diverses retouches à apporter au manuscrit, et certainement elles me fourniraient l'occasion d'associer, bien brièvement, c'est vrai, au souvenir de l'universitaire, celui de ses camarades, celui de ses émules, celui de ses compagnons d'armes comme lui tombés au champ d'honneur. A cette pensée, la stèle, de proportions toutes simples qu'elle était, grandissait soudainement devant moi, et, accentuant sa ligne sévère, se profilait noblement sur le ciel sombre des existences sacrifiées : l'âme de ces héros semblait planer sur elle. Où d'abord je n'avais guère vu qu'un moyen de répondre au vœu discret d'auditeurs improvisés, j'apercevais désormais presque un devoir.

Ce devoir pourtant, il faut l'ajouter, était, à mes yeux, absolument contrebalancé par un autre très catégorique, celui de garder exclusivement pour la mère du disparu, comme en un sanctuaire pieusement réservé, certains récits où le cher enfant reparaissait dans la chaude effusion de l'intimité.

Je dénouai la difficulté par une de ces solutions mixtes qui, si elles ne sont pas exemptes d'inconvénients, ont toujours l'avantage de ne pas éterniser les hésitations : je biffai purement et simplement ces récits, et les remplaçai par maints détails capables d'intéresser, à mon avis du moins, les lecteurs, peu nombreux assurément, et cependant de toute situation, et aussi de tout âge, que le livre allait avoir.

Mon fils, en effet, ne connut pas seulement des étudiants, mais des personnes dont les années sont venues, pendant qu'il grandissait, singulièrement argenter les tempes. Or j'ai souhaité premièrement, qu'en trouvant retracés plusieurs faits auxquels leur existence fut mêlée, faits parfaitement insignifiants souvent, à vrai dire, pour tout autre, ces personnes, sans même être nommées, s'y revissent pourtant aussitôt, et éprouvassent dès lors cette impression si douce qu'enfantent les souvenirs se rapportant à la jeunesse.

Puis j'ai songé à tel et tel de ses camarades. Ah! pour eux, la situation est bien différente. Ils sont à l'âge où l'on ne s'attarde guère au bruissement du passé; c'est un peu tôt : l'organe, pour exister déjà, n'a pas encore pris le développement nécessaire. Le présent, voilà ce qui les occupe principalement, et cela s'explique : à leur égard, il n'a point épuisé ses séductions. Celles-ci ont forcément rencontré un temps d'arrêt dans les tragiques événements qui viennent de se dérouler, mais elles reprendront à coup sûr, et si elles faiblissent de nouveau, ce sera sans doute devant le mirage, plus riant encore, de l'avenir. Une époque arrivera pourtant, époque lointaine, où, malgré les vœux que je forme pour leur bonheur, ils connaîtront, comme, hélas! leurs devanciers, les déceptions, les amertumes, je n'ose dire les souffrances qui sont sous le voile de toute destinée humaine. A ce moment, ils jetteront un regard ému vers des jours qui ne reviendront plus, ils retrouveront, qui sait ? ce modeste ouvrage dans un coin perdu de leur bibliothèque, et, se prenant à en tourner les feuillets jaunis, ils sauront gré peut-être à celui qui l'écrivit — son ombre n'en demandera pas davantage — de leur avoir permis, en y consignant des détails dont la portée leur échappe aujourd'hui, de revoir une des heures bénies de la vingtième année.

Or ce que j'ai fait à l'intention d'anciens amis de la famille et de jeunes compagnons d'études, j'ai cru devoir également le tenter pour d'autres catégories de lecteurs. Ne convenait-il pas en effet, puisque je touchais au travail primitif, que le plus de monde possible rencontrât dans l'ouvrage remanié quelque chose qui l'intéressât spécialement ? Malheureusement, ce que le livre a pu y gagner pour tel ou tel groupe, il l'a forcément perdu pour la masse. Plus d'une page paraitra démesurément longue à certaines personnes, quand elle n'épuisera pas leur patience. Ainsi des camarades de Sorbonne dépouilleront, je pense, sans que leur attention faiblisse, attendu qu'ils y trouveront matière à des associations d'idées fécondes en souvenirs, des listes entières d'exercices d'agrégation auxquels ils participèrent ; mais la lecture d'une seule d'entre elles lassera infailliblement des condisciples ayant choisi comme carrière la médecine ou le barreau. Ceux-ci en revanche, pour une raison du même ordre, peut-être aussi parce qu'ils y percevront, si épris qu'ils soient encore du présent, les premières notes de la cantilène du passé, parcourront facilement la nomenclature des livres qui furent en usage au lycée Carnot, tandis que, pour la plupart des lecteurs, cette aride nomenclature sera vide de sens. La relation enfin d'un voyage de vacances, que généralement on aura hâte de voir terminée, sera presque toujours, au contraire, trouvée trop concise par les vieux amis dont j'ai parlé. Aussi, pour permettre à chacun de s'arrêter uniquement à ce qui est propre à fixer son attention, et de sauter le reste, de le sauter résolument, ai-je divisé le volume en sept parties principales, dont les titres joueront le rôle des poteaux avertisseurs le long des routes douteuses : l'enfant (1890-1895), l'écolier (1895-1897), le collégien (1897-1900), le lycéen (1900-1908), l'étudiant (1908-1913), le soldat (1913-1914), le disparu. Est-ce à dire que ces sections, aux deux dernières desquelles je n'avais nullement songé en me déterminant à publier une suite de souvenirs relatifs à mon fils — je les ai écrites cependant, ces deux dernières parties, je sais ce qu'il m'en a coûté, pour rien au monde je ne recommencerais —, est-ce à dire que ces sections soient indépendantes les unes des autres? Assurément non. A part quelques rares exceptions, quel est d'ailleurs l'ouvrage, quand surtout, en raison de l'extrême simplicité de son objet, il ne porte, et systématiquement, au bas des pages, ni références ni notes d'aucune sorte, quel est l'ouvrage dont un chapitre quelconque puisse être compris nettement, entendu au gré de l'auteur, si l'on n'a pas pris connaissance de ce qui a précédé? Mais il m'a paru non moins évident que tout le monde ne serait pas capable d'un semblable effort.

Voilà donc simplifiée, par ce premier partage en époques, la recherche des sujets à lire. Pour la faciliter encore, j'ai subdivisé en années scolaires le temps passé au lycée Carnot et à la Sorbonne. Afin même de lui imprimer plus de promptitude, le cas échéant, j'ai terminé le volume par un index des noms, sinon de toutes les personnes qui s'y trouvent citées, de celles du moins qui en constituent la partie réellement vivante. Si je ne suis pas allé jusqu'à la table complète, c'est qu'il m'a paru absolument douteux qu'au point de vue spécial où je me plaçais, elle fût de nature à rendre des services sensiblement supérieurs. Puis elle eût fait prendre à un livre sans prétentions, mais dans lequel il arrivait, ne fût-ce que par l'énoncé des exercices d'agrégation, que l'antiquité donnât la main au moyen âge, et le moyen âge aux temps modernes, un faux air d'érudition qui m'aurait positivement contrarié. On ne cherchera donc pas dans cet index les Solon, les Marc-Aurèle, les Charlemagne, les Cromwell, ou leurs rivaux en gloire ou en célébrité. On n'y trouvera pas davantage certains contemporains, des auteurs le plus souvent, que mon fils n'eut jamais l'occasion de voir ou d'entendre, qu'il connut uniquement par leurs ouvrages. Par contre, la logique aurait voulu que la table comprît les interprètes des nombreuses pièces de théâtre à la représentation desquelles il assista. J'avais commencé d'ailleurs de les y incorporer, mais finalement j'ai reculé devant leur affluence : l'index était devenu leur fief, à chaque instant il fallait fendre un groupe d'acteurs ou d'actrices pour arriver au professeur qu'on avait en vue. Comme, au fond, c'était une catégorie de renseignements n'intéressant guère qu'un très petit nombre de lecteurs, quelques jeunes gens qui de temps en temps avaient accompagné leur camarade à ces spectacles, et que ces spectacles, loin d'être relatés un peu partout dans le livre, y étaient au contraire signalés à quatre endroits seulement (milieu et fin de l'année 1911-1912, dernières pages de 1912-1913, deuxième tiers de 1913-1914), j'ai pensé que ces jeunes gens les y trouveraient sans peine. J'ai donc rayé les noms de tous ces artistes, un seul excepté, entendu dès 1902 dans des conditions particulières. De ce fait, la table ne s'est pas simplement éclaircie, les recherches n'y sont pas seulement redevenues rapides, mais professeurs et étudiants y ont de nouveau dominé nettement, et ainsi la famille universitaire y a repris le rang qui lui était dû.

Maintenant aurai-je absolument réussi, par cet ensemble de dispositions, à empêcher que le lecteur ne tombe sur des passages sans intérêt pour lui? Je n'ose certes le prétendre, mais je me résouds moins encore à en bannir l'espoir.

U. Fischer.

Paris, 29 avril 1917.

L'ENFANT

(1890-1895)

Paul-Désiré Fischer est né à Paris, le 3 juin 1890, dans une maison du XVIIe arrondissement qui a été démolie en vue de la suppression du tunnel des Batignolles; elle portait le n° 3 de la rue Boursault. Il l'habita presque toute sa vie. Ce n'est en effet qu'en 1913, à la fin de mars, cinq mois seulement par conséquent avant l'achèvement de ses études, sept avant son départ pour le service militaire, qu'il a quitté cette maison, pour venir, avec sa famille, demeurer dans le XIVe arrondissement.

Fils unique, ses premières années ne différèrent pas sensiblement de celles de la généralité des enfants sur lesquels les parents concentrent le plus pur de leur affection. S'il eut ses heures de gentillesse, si elles furent même nombreuses, si elles firent la joie de la maisonnée, il eut inévitablement aussi ses moments d'exigences. Très tôt en effet, il se signala par un caractère déterminé, souvent poussé jusqu'à l'obstination. Le temps, il est vrai, et l'éducation étaient appelés à transformer cette obstination en une volonté des plus réfléchies. C'est même à cette dernière, à l'énergie soutenue dont elle se trouva accompagnée, au travail opiniâtre qui la suivit, qu'il dut, autant peut-être qu'à son intelligence, de réussir jeune au concours si ardu de l'agrégation d'histoire. Mais que de fois, par exemple, sa mère se vit-elle obligée, pour l'endormir dans son petit lit, de chanter, sans trêve, jusqu'à ce qu'il daignât en trouver un à sa convenance, presque tous les airs enfantins qu'elle connaissait ! Un soir, c'était *Cadet Roussel* qui était en faveur; le lendemain, *Il pleut, bergère* avait les préférences du bambin; le jour suivant, *le Bon roi Dagobert* trouvait seul grâce devant ses volontés.

La première étape de la croissance s'effectua normalement, aucune maladie sérieuse ne vint l'entraver : quelques digestions laborieuses, quelques embarras gastriques, des misères, ce fut à peu près tout ce qui la troubla. L'estomac néanmoins était déjà, et devait rester, la partie faible de l'organisme; pendant la période des études, puis au régiment, il serait le siège d'intermittents et fort gênants malaises. Un temps trop court donné aux repas, la table vite désertée pour le jeu, plus tard pour le travail, voilà quelle en serait la cause essentielle. Mais si l'enfant, comme par la suite le jeune homme, ne sut jamais s'astreindre aux sages lenteurs de la mastication, la nature vraiment avait peu fait pour l'y encourager : à quatre ans, trois dents déjà avaient dû être plombées.

Cependant il grandissait et commençait à apprendre ses lettres. Il s'amusait, cela va sans dire, plus encore qu'il n'étudiait. Ses parents enveloppent parfois d'un regard chargé de tristesse la première chaise dont il eut à se servir : au dossier demeure fixé le bout d'une cordelette.... Le cher mignon l'y attacha lui-même, un jour qu'il s'était avisé de relier les uns aux autres les sièges de la salle à manger, afin d'en faire une suite de voitures ; campé sur cette petite chaise, il stimulait du fouet un ânon empaillé qui tirait le convoi. Comme cela est déjà loin !

L'après-midi était consacrée à la promenade. Sa mère ne laissa jamais passer une journée sans l'y conduire. Pleuvait-il, la capote de sa voiture était déployée. Gelait-il, on emportait de chaudes couvertures. Arriva d'ailleurs l'époque où il sut se servir de ses petites jambes. Alors les heures devinrent trop courtes aux Tuileries, aux Champs-Élysées, au Parc Monceau. Que de pâtés de sable furent faits, que de balles s'égarèrent dans les pelouses, que de moulins agitèrent leurs ailes de carton au souffle capricieux du vent ! Il est superflu de parler des séances obligatoires devant Guignol, ou des promenades dans les voitures tirées par les chèvres. Puis venait la rencontre des petits camarades, comme Germaine Coffrant, Georges Scelles, Georges Chardin : on jouait à cache-cache, au cheval, au chemin de fer, on goûtait ensemble. Brioches, madeleines, croissants étaient, vers quatre heures, distribués à chacun, et, aux jours d'été, le marchand de coco, le pittoresque marchand de coco que la génération actuelle ignore, celui dont le dos se trouvait chargé d'une fontaine élancée, et la ceinture, garnie de gobelets scintillants, n'agitait pas en vain sa sonnette.

Il venait pourtant un moment où les chaleurs rendaient Paris moins agréable. Les jardins en étaient alors désertés pour la mer ou pour la montagne. C'est à cette dernière que notre garçonnet était conduit. Trois années de suite, en 1890, en 1891 et en 1892, il se fortifia à l'air pur des sapins, dans le petit village de Vaulion, situé, à quelque 900 mètres d'altitude, sur les pentes du canton de Vaud. En 1893, après un court séjour sur les bords du lac de Genève, à Saint-Gingolph, il parcourut, aux Hôpitaux-Neufs, les vallons tapissés de mousse du Jura français. Mais en 1894, il retourna dans le canton de Vaud, et, pour un temps, habita l'agreste village du Pont, dont les maisonnettes s'éparpillent gaîment sur la rive septentrionale du lac de Joux. Son père, qui tenait à garder un souvenir durable de chaque voyage, ne partait jamais sans emporter un appareil photographique. Il arriva dès lors que le petit diable fut pris plus d'une fois avec le paysage. Ses parents peuvent ainsi le revoir, tour à tour, assis devant une auberge, descendant un coteau, cueillant des fleurs dans un champ, jouant au bord d'une fontaine, se garant du soleil à la lisière d'une forêt, déambulant dans les sapins, se reposant sur le barrage d'un moulin.

Indépendamment de ces villégiatures annuelles, le jeune Paul allait en promenade, presque chaque semaine, aux environs de Paris; habitant tout à côté de la gare Saint-Lazare, cela lui était facile. Il devait d'ailleurs rendre de temps en temps visite à de petits amis qui habitaient la banlieue.

Il fit encore un voyage pour être présenté à son aïeul paternel. Celui-ci en éprouva une joie extrême. Cela se passait en novembre 1890. Cinq mois plus tard, ce voyage eût été inutile. Le bon vieillard s'éteignait en effet à la fin de mars 1891.

Cette mort, qui en somme arriva à son heure, fait songer à deux, hélas! autrement précoces. Il a été question plus haut de dents plombées dès l'âge de quatre ans. L'habile et dévoué praticien qui voulut bien se charger de l'opétion — « voulut bien » est l'expression exacte, car, ainsi qu'on doit le supposer, cela n'alla pas tout seul — avait un jeune fils, d'éducation soignée autant que d'intelligence vive. Édouard Flamant — c'était le nom de ce charmant enfant — ne manquait jamais de folâtrer avec Paul Fischer, quand celui-ci était conduit chez son père. Les deux garçonnets, qui avaient eu les mêmes jeux, étaient destinés à avoir la même fin. L'un et l'autre en effet, quelque vingt ans plus tard, et à moins de vingt jours d'intervalle, tombaient, face à l'ennemi, dans la région d'Arras.

L'ÉCOLIER

(1895-1897)

Le jeudi 25 avril 1895, Paul Fischer entra à la petite école Pape-Carpantier, située rue Boursault, au numéro 10, en face même de la demeure paternelle. C'était, et c'est encore du reste, une annexe de l'école normale d'institutrices du département de la Seine. Le bâtiment où les classes étaient installées ne ressemblait en rien toutefois à celui que l'on voit aujourd'hui. Il était beaucoup plus modeste. Ce fut en 1896 seulement que le vieil édifice, d'aspect quelque peu villageois, fit place au nouveau.

La directrice, Mlle Blanche Beauparlant, demanda que l'enfant portât désormais les cheveux ras : il y avait là, paraît-il, une mesure d'hygiène, devant laquelle cependant, et, ajoutons-le, fort heureusement, trouvaient grâce les crânes féminins, car les classes étaient mixtes. Ce n'en fut pas moins, pour la mère, un véritable crève-cœur de livrer aux ciseaux les boucles soyeuses auxquelles elle avait, par de savantes papillotes, donné tant de fois le tour voulu.

Paul Fischer a suivi jusqu'à la fin de juillet 1897, c'està-dire jusqu'à l'âge de sept ans, les cours de cette petite école. Le programme n'en était pas chargé. Que demander d'ailleurs à de si jeunes enfants? Au début, de découper, avec le seul secours des doigts, dans du papier suffisamment rigide, des carrés, des ronds, des ovales, des cœurs; de distinguer, dans une gravure, la tête d'un lion de celle d'un tigre; d'apprendre la série des voyelles, puis celle, plus longue assurément, et partant plus malaisée, des consonnes; de relier peu à peu les unes aux autres; enfin de chanter en chœur quelque air facile à retenir. Des semaines s'écoulent. Alors l'écolier voit la maîtresse lui remettre des brins de paille teinte ou des perles de couleur: au moyen d'une aiguille fortement émoussée, et dans le chas de laquelle il a fini par passer un fil, il fixe les premiers ou les secondes sur un mince morceau de carton; il réussit ainsi à représenter une colonne, une maisonnette, un arrosoir, etc. A cet exercice, l'imagination s'éveille, en même temps que l'adresse se développe et le sens du dessin s'affine. Puis la lecture va son train; la dimension des lettres diminue de jour en jour; des syllabes on passe aux mots; bientôt on affronte les phrases. De plus, l'ardoise apparaît, et le crayon pierreux, dont la pointe ne casse pas sous la poussée maladroite encore de l'enfant, comme cela arriverait immanquablement à la mine de plomb, s'évertue à reproduire tout ce que la lecture a appris. Le calcul, jusque-là purement mental, se précise par les chiffres. Le chant prend de l'ampleur. La gymnastique n'est pas non plus oubliée. Enfin l'heure sonne où les premiers livres sont distribués, et, conformément aux prescriptions sévères de la directrice, la mère du jeune garçon les recouvre vite d'une lustrine protectrice. De quelle fierté l'écolier ne se sent-il pas saisi, lorsqu'il glisse ces opuscules dans une petite serviette achetée tout exprès pour lui, et se rend en classe, ce léger fardeau sous le bras! Les leçons commencent donc, les devoirs également; mais, avec ces exercices, les impatiences, suivies souvent de rébellion. Le travail n'en finit pas moins par se faire, car les colères passent aussi vite qu'elles sont venues. Et somme toute, voilà, au bout de trois ans à peine, un Pic de la Mirandole en abrégé, qui, ne doutant de rien, discourt un peu de tout. Histoire, géographie, arithmétique, anglais même, rien ne lui est étranger! N'a-t-il pas retenu un peu de chaque chose? Il peut maintenant quitter la petite école, d'où son âge le bannit, pour un établissement plus important, et il le fait en toute joie, et, ajoutons-le amèrement, en toute ingratitude.

Que ses parents aient quelque reconnaissance envers les maîtresses qui ont guidé ses premiers pas, cela suffit! Pourtant il ne peut avoir oublié déjà les attentions multiples dont il a été l'objet de la part de ces dames. Il doit se souvenir aussi qu'elles ont plus d'une fois usé d'indulgence à son égard, et qu'autrement il eût été, certains jours de dissipation intense, conduit, l'oreille basse, au petit réduit destiné aux bavards et aux paresseux. Et cette après-midi, si vite passée, où les grandes élèves de l'école normale organisèrent, à l'intention des enfants les plus sages, toute une série de distractions, auxquelles des distributions de friandises servirent d'intermèdes, avait-il bien le droit d'y figurer? N'insistons pas. Une boîte de bonbons offerte au jour de l'an, quelques bouquets apportés de temps en temps dispenseraient-ils vraiment de toute gratitude? Que ne pouvons-nous du moins citer ici ces institutrices au dévouement tenace? Deux seulement sont encore réellement présentes à notre mémoire, Mlle Guillout et Mlle Nicolas. Les traits de la seconde ne sauraient du reste nous échapper; elle figure, au milieu de ses élèves, dans une photographie prise dans les premiers jours de mars 1897. La directrice fait également partie du groupe. Entre ces deux dames se trouve la monitrice de la classe; les autres enfants sont rangés tout autour. Petits garçons comme petites filles portent indistinctement un grand tablier noir; on le prendrait volontiers pour l'uniforme de l'établissement.

La maîtresse qui avait précédé Mlle Nicolas était tombée malade, et gravement, peu de temps après le nouvel an; elle mourut dans la première dizaine d'avril; les élèves se cotisèrent pour l'achat d'une couronne. S'ils n'allèrent pas à l'enterrement, ils se rendirent en tout cas, sept semaines plus tard, à l'église Sainte-Marie des Batignolles, où étaient célébrées les obsèques d'un ou d'une de leurs condisciples. La cérémonie étonna singulièrement le jeune Paul : constamment, disait-il de retour à la maison, le prêtre avait lu un livre! On eût, certes, pu s'attendre à une impression différente. L'école était appelée à perdre bientôt un autre élève. Trois décès en si peu de temps pourraient donner à penser que les règles de l'hygiène, cette hygiène qui préoccupait tant Mlle Beauparlant, ne s'y trouvaient pas parfaitement observées. Hypothèse sans fondement! On ne saurait affirmer, par contre, que toutes les familles veillassent à leur application. Des enfants devaient apporter dans les classes certains germes de contamination. Ainsi Paul Fischer, qui, on l'a vu plus haut, avait joui d'une santé assez enviable jusqu'à son entrée à l'école Pape-Carpantier, eut, une fois admis à celle-ci, maladie sur maladie. Coqueluche, rougeole, varicelle, oreillons s'abattirent successivement sur lui. Il en guérit, c'est vrai, à peu près aussi rapidement qu'il en fut atteint, mais ces indispositions lui firent manquer plus d'une classe; or c'était, pour lui, un réel plaisir que de s'y rendre.

Par la variété des tâches, par des allocations de bons points, par des distributions d'images, et quelquefois même de petits traités illustrés, les maîtresses savaient y rendre le travail attrayant. Elles parvenaient, d'autre part, à faire régner autour d'elles une chaude émulation. C'était à qui, parmi leurs élèves des deux sexes, briguerait la dignité dont se trouvait revêtue la jeune fille photographiée entre la directrice et Mlle Nicolas; il n'y avait pas seulement, en effet, des monitrices, mais aussi des moniteurs. La fonction consistait dans une sorte de surveillance; Paul Fischer, lorsque pour lui fut venu le moment de l'exercer, la prit fort au sérieux; à l'heure des récréations spécialement, ne devait-il pas veiller à ce que ses camarades n'aspirassent pas tellement à jouer qu'ils en vinssent à négliger d'aller, à tour de rôle, faire une coûrte apparition préventive dans certains cabinets voisins?

Les récréations! Il en existait tout d'abord pour partager la durée des classes, mais il y en avait une également après le déjeuner, et ce n'était pas la moins animée. Les élèves avaient hâte de s'y rendre, afin de rejoindre ceux de leurs condisciples qui avaient dû rester à l'école. Quelques enfants en effet, dont la demeure était éloignée de la rue Boursault, prenaient sur place le repas de midi. Avec une extrême complaisance, le concierge de l'établissement réchauffait les aliments qu'ils avaient apportés le matin. On comprend qu'après avoir retrouvé des forces, nos écoliers éprouvassent le besoin de les dépenser dans la cour ombragée de l'école. C'était d'ailleurs au milieu des jeux que se nouaient les amitiés. Georges Scelles, les frères Bouteille, les Perraut, la petite Régnier, sa compagne Galli, l'espiègle Foulonneau, Méder ont été les partenaires préférés de Paul Fischer. Beaucoup portaient des sobriquets. Celui de la jeune Régnier ne mit pas les enfants en grands frais d'imagination ; ils la surnommèrent sur-le-champ *l'Araignée*. Quant à Foulonneau, c'était *la Sauterelle* ; un de ses costumes, tout ou partie vert clair, avait provoqué cette appellation. Le fils d'un commerçant de la rue de Constantinople reçut, l'on ne sait pourquoi, le sobriquet de *Soulier*. Quelques brouilles se produisaient bien de temps en temps entre nos joueurs ; mais les raccommodements ne tardaient pas à s'opérer, et du reste la distribution des prix amenait une réconciliation générale.

Cette cérémonie était dépourvue de toute solennité. Contre l'usage généralement établi, les parents n'y étaient même pas invités. Bien plus, nous croyons nous souvenir que les enfants s'y rendaient en tablier, comme d'ordinaire. Ce jour-là, et c'était en quoi seulement il différait des autres, un grand nombre d'élèves, sinon tous, quittaient l'école avec un petit livre tout neuf, soit à la main, soit dans leur serviette. A la main plutôt, afin que parents et voisins vissent bien la récompense obtenue, et que, flattés d'un tel succès, les premiers offrissent sur l'heure au lauréat un jouet quelconque. Aux environs, en effet, existaient force magasins où se vendaient des toupies, des billes, des pistolets de plomb, des sabres de bois et d'autres babioles chères au jeune âge. Paul Fischer n'avait garde, d'ailleurs, d'attendre jusqu'à la distribution des prix pour se faire octroyer quelques objets de ce genre. En temps ordinaire, son père rentrait à la maison au moment même où sortait la classe : il était alors presque immanquablement entraîné vers une mercerie de la rue des Dames où, pêle-mêle avec des boutons ou des aiguilles à tricoter, se trouvaient étalés des sabots et des fouets de peau d'anguille. Pendant l'acquisition, le repas refroidissait sur la table.

Pour en revenir aux prix, nous ne surprendrons personne en disant qu'ils étaient de brillante couleur, et que les dorures ne s'y trouvaient pas épargnées. Il ne faudrait pas en conclure pourtant que ce fussent des contes de fées. En voici du reste les titres : en 1895, *les Jeux dangereux* ; en 1896, *Épisodes de France* ; en 1897, *Odyssée d'un pierrot français*.

Après les prix, les vacances, et, avec celles-ci, l'exode annuelle.

En 1895, Paul Fischer alla dans le Val-Travers. Avant d'atteindre le village de Buttes, choisi comme lieu final de séjour, il put voir Motiers. A l'exemple de celui qui y composa les *Lettres de la Montagne*, il voulut se livrer à la recherche des simples; ses parents lui achetèrent donc un petit herbier. Buttes fut le point de départ d'excursions intéressantes, notamment au Chapeau de Napoléon, dominant Fleurier, et aux gorges de Noirvaux. Non loin de là est le village de Sainte-Croix, aux trains chômant obligatoirement du samedi soir au lundi matin; la ligne a été donnée toute construite à la commune par un protestant dont la rigidité égala la richesse : prenant l'Écriture à la lettre, il subordonna sa libéralité à cette stricte observance du repos dominical. Cette clause n'était pas de nature assurément à réjouir les touristes et les gens du pays, mais les employés du chemin de fer s'en montraient ravis. Le séjour à Buttes fut coupé par deux autres parties de plaisir, l'une à Morat, l'autre à Genève. Dans la première ville, on ne trouve plus guère, à part le vieux château, de souvenirs réels de l'équipée du duc de Bourgogne; mais Paul Fischer put s'y extasier devant des foudres colossaux : remisés dans un hôtel longeant le lac, ils faisaient vraiment honneur au vin du lieu, comme aussi peut-être à la puissance d'absorption des habitants. Le paysage est un des riants de la région, surtout dans la lente traversée du canal de la Broye, qui relie le lac de Neuchâtel au lac de Morat; troublés par le remous du bateau, des oiseaux aquatiques s'envolent à chaque instant des roseaux, avec la teinte cendrée desquels se confond leur plumage. Un pont en treillis de bois, sous lequel on passe à un moment donné, ne laisse pas en outre d'évoquer, par le caractère primitif de sa construction, les cités lacustres qui se trouvaient dans ces parages. Quant à Genève, l'écolier en vacances prit beaucoup de plaisir à s'y promener deux grandes journées. Pour un Parisien, habitué à l'opacité grisâtre de la Seine, quel étonnement, en arpentant le pont du Mont-Blanc, de pouvoir distinguer jusqu'au fond du Léman les moindres objets qu'y roule le flot! Et sans parler des musées et des vieux édifices, comme cette tour de César rappelant l'occupation romaine, quels lieux de repos délicieux que le Jardin anglais, l'île Jean-Jacques Rousseau, la Treille, la promenade des Bastions!

En 1896, Paul Fischer se rendit dans le Valais, où résidait une personne connue de sa mère. Elle habitait le village de Charrat, situé à une demi-heure de Martigny, de ce Martigny où Alexandre Dumas mangea les légendaires biftecks d'ours. Le jeune Paul et l'enfant de l'hôtesse étaient à peu près du même âge; ils ne tardèrent pas à devenir bons camarades. Ce fut, pendant un mois, la vie rustique dans toute sa simplicité, dans tout son charme. Promenades le long des ruisseaux, sauts folâtres par-dessus les tas de foin, cueillette facile des prunes mûrissant au soleil, distribution d'herbage aux lapins, conduite des agneaux au pacage, voilà ce qui prit le plus clair des journées. Paul Fischer et ses parents rentrèrent en France par Genève et Bellegarde. Ils virent Saint-Claude et, tout à côté, les Combes, ancien domaine de la famille de Lamartine où était né le père du jeune voyageur et où s'était écoulée son enfance, puis aussi la cascade dont le poète a parlé au dernier livre des *Mémoires inédits*. Après quoi, ils gagnèrent, dans une vieille diligence, la gare la plus proche, Saint-Laurent, et finirent, après un court arrêt à Pontarlier, par se retrouver à Buttes, où se terminèrent les vacances.

En 1897, Paul Fischer passe un mois entier au bord de la mer, dans la Seine-Inférieure, à Veules, Veules-les-Roses, disent complaisamment et les hôteliers et les propriétaires de villas à louer. Au début, le temps ne semble pas trop long. Le rivage n'est-il pas abondamment pourvu de galets permettant, à marée basse, la construction sur le sable de fortins improvisés? D'autre part, les crevettes ne sont pas rebelles au filet. Quels cris de joie aux premières captures! Cependant la mer, avec son horizon uniforme — une tempête ne daigne pas toujours en rompre la monotonie —, perd peu à peu de son attrait. La montagne, aux sites indéfiniment variés, finit par inspirer des regrets. Il semble que des vacances ne peuvent vraiment se terminer ainsi. Les bagages sont faits sans tarder, et bientôt le Léman bleuit l'horizon. Cette fois, c'est un voyage circulaire ou à peu près tel. Genève, Lausanne, Fribourg, Thoune, Interlaken, Brienz, Meiringen, le col du Brünig, Lucerne, Berne, Bienne, Neuchâtel en marquent la direction principale. Les heures s'envolent avec une rapidité surprenante. Ce n'est pas cependant que des incidents peu souhaités ne sur-

viennent quelquefois : ainsi, la crue subite d'un torrent qui
détruit la voie du chemin de fer entre Brienz et Meiringen.
Force est de suspendre le voyage jusqu'à l'aménagement
d'un char rustique (quel char!), qui réussit tout de même
à franchir les terres inondées. L'aspect grandiose des gla-
ciers de l'Oberland, le rayonnement sévère de la Jungfrau
font oublier de semblables contretemps. Les villes elles-
mêmes ne sont pas sans agrément. Chacune a ses curiosités
propres : Fribourg, son vieux tilleul, ses ponts suspendus,
ses orgues; Interlaken, son flot d'étrangers aux nationa-
lités les plus diverses; Brienz, ses châlets de bois, qui sont
autant d'ateliers familiaux où se sculptent, dans le noyer,
mille fantaisies recherchées des touristes; Lucerne, son
pont couvert, saisissant frontispice du livre historique
qu'est le lac des Quatre-Cantons; Berne enfin, sa fosse
aux ours, son horloge monumentale, ses vieilles arcades,
ses avant-toits charpentés en plein cintre, ses fontaines énig-
matiques.

On était ainsi arrivé au milieu de septembre. Il fallait
rentrer. Le choix d'un établissement universitaire, pour la
continuation des études, devenait urgent. Une raison de
voisinage avait contribué, trois ans auparavant, à faire
donner la préférence à l'école Pape-Carpantier. Une considération semblable l'emporta de nouveau, et, après de
courtes hésitations, il fut décidé que l'enfant entrerait, en
octobre, au collège Chaptal.

LE COLLÉGIEN

(1897-1900)

Paul Fischer fréquenta le collège Chaptal pendant trois années ; il y suivit les cours primaires (élémentaire, moyen, supérieur).

Ses professeurs furent MM. Dieudonné (1897-1898) et Billard (1898-1899 et 1899-1900).

Sauf ses difficultés croissantes, le programme demeura le même du premier au dernier jour : lecture, écriture, récitation, grammaire française, histoire, géographie, calcul, sciences naturelles et dessin. Nous ne pouvons, sur aucune de ces matières, donner des détails précis, car, à l'exception de cinq, les livres de l'époque sont, jusqu'aux titres, sortis de notre mémoire. Ces livres cependant ne devaient pas être bien nombreux : s'ils exigèrent un vrai sac d'écolier pour leur transport journalier, ils n'occasionnèrent jamais qu'une dépense modique. Les ouvrages dont nous nous souvenons sont les *Lectures courantes extraites des écrivains français*, 2ᵉ *série*, de G. Jost et A. Cahen (Hachette et Cⁱᵉ), la *Petite flore*, de G. Bonnier et G. de Layens, et *Pierres et terrains*, de Bonnier seul (Paul Dupont), des cours de l'*Histoire de France*, d'A. Ammann et E. C. Coutant, éditée par Nathan, puis un vocabulaire français, tellement abrégé, tellement succinct, qu'il dut vite être remplacé par le petit *Dictionnaire illustré*, de Larousse. Paul Fischer ne se lassa jamais de ce dictionnaire; au lycée Carnot, alors qu'il était déjà en troisième, il en feuilletait encore avec plaisir le supplément consacré à l'histoire et à la géographie, n'y teintant pas trop souvent de bleu ou de rouge les visages des personnages illustres, mais le tenant à jour sur plus d'un point, et y puisant la matière de tableaux synoptiques, patiemment construits, concernant l'avènement des rois et des papes. Sa vocation fut-elle en germe dans ce modeste volume? La chose n'aurait rien d'invraisemblable.

En fait de leçons et de devoirs, nous nous rappelons, touchant les premières, une fable de Florian, la Taupe et les Lapins, et la satire du Festin ridicule, toutes deux tirées des Lectures courantes, et, en ce qui regarde les devoirs, un problème d'arithmétique relatif à un colimaçon : le mollusque grimpait le long d'une perche ou d'un échalas, puis descendait, et finalement remontait. Si nous avons gardé mémoire de ce problème, ce n'est évidemment pas en raison des centimètres qu'il s'agissait d'additionner et de retrancher successivement, mais du dessin qu'il fallait faire de l'animal en mouvement. Dans la marge du devoir se trouvait donc une sorte de mât de cocagne, avec un petit point noir d'où émergeaient deux cornes caractéristiques. Le calcul et le dessin n'étaient-ils pas, après tout, compris également dans le programme? Et le même maître n'avait-il pas charge d'enseigner l'un et l'autre? Les devoirs, cela va sans dire, étaient plus nombreux qu'à l'école Pape–Carpantier; néanmoins, ils se faisaient plus aisément. A peine installé devant un vaste pupitre de chêne, dans l'intérieur duquel les livres et les cahiers avaient pour voisins des toupies et d'autres jouets portatifs, le jeune collégien procédait à l'analyse prescrite, ou moulait la page d'écriture de circonstance, ne manquant pas, aux bons endroits, de tirer la langue en signe de satisfaction.

Pourtant le zèle initial diminua peu à peu; si l'année scolaire 1897-1898 fut excellente à tous les points de vue, la suivante fut moins satisfaisante, et la dernière laissa presque à désirer. On en jugera par les nominations de fin d'année :

30 juillet 1898, trois prix (le premier de récitation, les seconds d'excellence et d'histoire), et trois accessits (les premiers de grammaire française et de sciences naturelles, le troisième de lecture);

29 juillet 1899, six accessits (les premiers de récitation, d'histoire et de sciences naturelles, les deuxièmes de lecture, de grammaire française et de géographie);

24 juillet 1900, quatre accessits (le premier d'histoire, le deuxième de lecture, le quatrième de grammaire française, le cinquième de géographie).

Les distributions de prix avaient lieu dans une cour de l'établissement, où une tente immense mettait les invités à l'abri du soleil et de la pluie, sinon des courants d'air. Le costume universitaire y était inconnu : le directeur (M. Bou-

cher, la première année, M. Weill, les deux autres), le surveillant général (M. Humbert), les maîtres, bref tout le
personnel du collège paraissait en habit noir sur l'estrade.
On n'entendait qu'un discours; il était prononcé par la
personne qui présidait : en 1898, M. Loreau, régent de la
Banque de France; en 1899, M. Mill, conseiller municipal;
en 1900, M. Gasztowtt, l'un des professeurs. Les ouvrages
distribués (deux ou trois parfois pour chaque prix) étaient
bien choisis, leur valeur instructive, indéniable : *la Turquie,
l'Espagne, A travers l'Amérique, Impressions d'Egypte,* voilà
les titres de quelques-uns reçus par Paul Fischer. Un autre
livre, le *Legs du cousin Drack,* accusait sans doute une trame
plus légère; mais la remise en avait lieu par surcroît :
c'était un prix d'exemptions.

Prix et exemptions cependant ne constituaient pas exclusivement les récompenses; l'élève dont les notes et les
places dans les compositions avaient assuré la primauté
pendant un mois donné recevait, pour toute la durée du
suivant, les galons de sergent. Paul Fischer fut récompensé
de la sorte trois mois consécutifs (mai, juin, juillet 1898).

Il aurait certainement préféré quelques tours de plus sur
les chevaux de bois, ou, d'une manière générale, un supplément de réjouissances à la fête du 14 juillet; de la file
des baraques installées boulevard des Batignolles, presque
sous ses fenêtres par conséquent, s'élevait alors une rumeur
continue. Comment demeurer sourd à cet appel? Cirque
Corvi, Ménagerie Pezon, Royaume de l'Enfer, panoramas
servaient tour à tour d'aliment à sa curiosité juvénile, et,

entre deux stations dans ces établissements, une partie de balançoires était tout indiquée pour purger les poumons des miasmes momentanément respirés.

En temps ordinaire, les amusements étaient assurément plus pondérés, et, à la maison, ils revêtaient même parfois un caractère de haute sérénité; c'était, par exemple, la surveillance d'une jeune rainette, dont la situation variable, dans le bocal où elle se trouvait logée, faisait prévoir l'état du ciel, ou encore l'observation de fourmis rapportées des Champs-Élysées, et immédiatement installées dans un récipient transparent où le sucre abondait.

Des distractions si calmes contrastaient certes avec les bruyants ébats dont, en semaine, la cour du collège Chaptal était animée; que de bons moments Paul Fischer passa là, avec d'endiablés joueurs comme Joachim Ardavani, Léon Auger, Pierre Bousquet, Roger Cesbron, Robert Grenouillet, Maxime Happe, Jean Herbet, André Jacob, René Jouvanel, Eugène Labrosse, Georges Loustau, Georges Marlé, Marcel Merle, Charles Miroglio et Lucien Tivoly! La plupart de ces condisciples figurent dans des photographies de groupes d'élèves prises régulièrement vers le mois de mars; mais le temps a passé, et il ne nous est plus guère possible de les reconnaître. Y parvenir était peu facile déjà au lendemain même du tirage des épreuves; nos collégiens ne se conformaient pas tous au solennel *Ne bougeons plus!* de l'opérateur; une seule fois Paul Fischer se tint à peu près tranquille.

Mais les véritables délassements commençaient aux

vacances, avec les voyages dont la distribution des prix donnait le signal. En 1898 toutefois, hélas! le départ de Paris n'eut pas lieu immédiatement. Le 4 août en effet s'éteignait, à un âge avancé, l'aïeule paternelle de Paul Fischer. Elle avait constamment eu pour lui une vive affection, et le petit espiègle en avait même abusé quelquefois. Il ne pourrait plus ouïr l'histoire de *la Chèvre Charmante* et bien d'autres, auxquelles l'excellente personne savait toujours donner un nouvel attrait, quoiqu'elles datassent pour le moins de la Restauration. Il n'entendrait plus également l'air de *la Grande demoiselle*, contemporain sans doute de *Fleuve du Tage*. En raison de ce deuil, le temps passé hors de Paris, cette année-là, fut peu considérable : une vingtaine de jours, pas davantage. Ils s'écoulèrent presque entièrement dans le Valais; Paul Fischer traversa Genève, Lausanne, Neuchâtel et Berne sans, pour ainsi dire, s'y arrêter. Il eut cependant le loisir de visiter, dans la première de ces villes, la cathédrale de Saint-Pierre, où se trouve le tombeau d'Agrippa d'Aubigné, l'aïeul de Mme de Maintenon, et, dans la dernière, le musée historique, dont plusieurs salles évoquent, d'une manière saisissante, l'époque des avoyers.

Deux voyages en 1899 : l'un, à Pâques; l'autre, aux grandes vacances.

Le premier fut jalonné par Bâle, Schaffhouse, Singen, Constance, Saint-Gall, Hérisau, Frauenfeld, Winterthur, Zurich et Belfort. Avant Schaffhouse est la gare de Neuhausen ; on s'y arrête généralement pour voir la chute du

Rhin. Sans répondre absolument à l'idée qu'on en a conçue,
le spectacle produit cependant une vive impression, si l'on
prend une barque pour traverser le fleuve en aval, au
milieu du fracas des eaux. Les anciens châteaux juchés sur
l'une et sur l'autre rive ont été impitoyablement trans-
formés en hôtels, ce qui leur a enlevé leur aspect pittoresque. Les cabarets de la région ont infiniment plus d'originalité. Si vous y pénétrez, les filles de salle attendent forcément vos ordres ; mais aussitôt qu'elles connaissent vos
goûts, vous leur appartenez. Avez-vous demandé de la
bière et y avez-vous fait honneur, elles se précipitent sur
votre verre et, d'autorité, l'emplissent de nouveau. Comme
vous ne prévoyiez pas un service automatique si perfec-
tionné, vous êtes contraint de consommer ce qui a été
versé, ou du moins de le payer : gare même à une troisième chope, si, dans le premier cas, vous ne surveillez pas
ces infatigables échansons! Autre détail : au buffet de la
gare de Singen, on appelle salade tout ce qui est suscep-
tible d'assaisonnement à l'huile et au vinaigre ; en avril dès
lors, le cerfeuil, qui sert principalement en France à rehaus-
ser le goût des omelettes, remplace couramment, en cette
terre badoise, la laitue ou la barbe de capucin : on vous en
apporte un plein compotier. Les estomacs allemands ou
suisses-allemands ne ressemblent du reste pas aux nôtres :
à Saint-Gall, au buffet de la gare ou dans une brasserie, on
n'offre guère, au cours de l'après-midi, une tasse de thé ou
un verre de sirop à une dame, mais bien une saucisse
grillée, suivie de quelques chopes de bière. La gastronomie

ne perd pas non plus ses droits à Zurich : au confluent de la Limmat et de la Sihl verdoie un jardin aux frais ombrages; la rêverie y naît facilement; sous l'influence du monument élevé à Gessner, elle tend même à prendre un caractère idyllique. Que le regard toutefois ne s'écarte pas trop du chantre des scènes champêtres, car il ira se briser, de l'autre côté de l'eau, sur des centaines et des centaines de vessies de porc sanguinolentes, séchant au soleil contre les murs d'un abattoir. Si l'esthétique se trouve sacrifiée, le bon Zurichois qui passe par là tressaille d'aise, à la pensée des réjouissances culinaires dont ces magnifiques reliefs sont le gage assuré. Son penchant pour la charcuterie ne le rend nullement insensible d'ailleurs à l'art du pâtissier. A cet égard toutefois, ses goûts ne sont encore pas ceux de tout le monde. Vous avez acheté d'appétissantes tartelettes : sont-ce des tranches de pomme ou des fragments de rhubarbe qui se trouvent à la surface? Sans défiance aucune, vous y portez les lèvres : horreur! c'est de l'oignon et, qui plus est, de l'oignon à peu près cru. L'odeur de l'intempestive plante potagère vous poursuit presque jusqu'à Belfort, où le lion de Bartholdi vient susciter en votre âme des pensées autrement graves. L'œuvre du maître vous y apparaît dans toute sa beauté; placée dans le roc, elle produit une impression dont le presse-papiers de la place Denfert-Rochereau ne donne aucune idée.

Le 31 juillet 1899 eut lieu le second départ. Il ne s'agissait plus, cette fois, d'un voyage circulaire, mais d'une villégiature prolongée. Berne fut choisie en raison de sa situation particulière à ce point de vue. L'altitude y est appréciable déjà (544 mètres), l'air, extrêmement pur; des forêts de sapins entourent la ville; d'innombrables promenades peuvent être faites aux environs; en un mot, l'étranger jouit là de tous les avantages de la campagne, sans abandonner aucun des agréments urbains, si estimés à certaines heures. Paul Fischer se rendit à Berne par le chemin des écoliers (Genève, Lausanne), et y passa un mois et demi. Ses parents trouvèrent à louer, en face de la fontaine de l'Ogre, un petit pied-à-terre tout meublé. Des fenêtres, essentiellement bernoises par les coussins rouges placés dans la partie inférieure ainsi transformée en divan, on apercevait l'horloge monumentale, la halle aux grains, le pont auquel celle-ci a donné son nom (Kornhausbrücke) et celui du Kirchenfeld; le mardi et le samedi, jours de marché, on pouvait suivre les allées et venues des gens de la campagne, aux costumes si pittoresques. Les matinées se trouvèrent prises par de courtes promenades au Schänzli, au jardin botanique, aux ombrages du Dählhölzli, à l'Enge, à la forêt de Bremgarten, ou encore par la visite de quelques édifices, comme la cathédrale, le musée des beaux-arts et celui d'histoire naturelle. L'après-midi, Muri, Ostermundigen, Bolligen, la Waldau, Papiermühle et le château de Reichenbach étaient plutôt indiqués. Une ou deux excursions eurent lieu à Thoune — il s'y était ouvert une exposition cantonale —, à Interlaken et à Brienz.

Très satisfait de son séjour à Berne, Paul Fischer y retourna à Pâques suivant; auparavant toutefois il voulut revoir Constance, où précédemment il n'avait guère eu le temps de s'arrêter. Il retraversa donc Bâle et Zurich, et même, séduit par le temps magnifique qui régnait alors, il passa les fêtes dans cette dernière ville. Il put ainsi gravir l'Utliberg; il visita aussi avec un vif intérêt le Musée national, où se trouvent de nombreux vestiges de l'ancienne Suisse, et examina avec autant d'étonnement que de curiosité le casque, la cotte de mailles, l'épée et la hache de Zwingle, tombés, à la bataille de Kappel, entre les mains des Lucernois : c'était à d'autres armes assurément que songeait saint Paul en terminant son épître aux Ephésiens.

Le concile du commencement du xve siècle a laissé bien des traces à Constance : on voit, dans la ville même, la maison où fut arrêté Jean Huss, ainsi que le couvent qui lui servit de prison, et, dans la banlieue, l'endroit précis où il périt. C'est dans la cathédrale qu'il s'était entendu condamner à mort; Paul Fischer et ses parents la visitaient, lorsqu'ils lurent dans un guide que la dalle sur laquelle l'infortuné se tenait pour être jugé se mouille aisément, à l'exception de l'emplacement des pieds qui, quoi qu'on tente, demeure toujours sec. Que n'avaient-ils connu plus tôt cette singularité? Ils auraient apporté une fiole d'eau. Ils sortirent vers midi de l'édifice, et, non loin, aperçurent un de ces restaurants anti-alcooliques qui commençaient à se répandre dans la Suisse septentrionale et dans la région avoisinante. L'établissement avait bonne apparence; ils y entrèrent. A peine dépliaient-ils leurs serviettes qu'une dizaine de Badois, ouvriers ou petits employés, y pénétraient au pas militaire. Ce qu'ils mangèrent fut absolument stupéfiant, la manière dont ils s'y prirent, plus ahurissante encore. Le menu pourtant était loin d'être varié : potage, choucroute garnie, pain; mais le poids compensait le nombre. A chacun des convives le restaurateur apporta, non pas un bol, mais une vaste soupière de potage, non pas une assiette, mais un immense plat de choucroute, couronnée d'imposants morceaux de porc salé. Des grognements de satisfaction accueillirent cette cuisine, et nos goinfres se jetèrent immédiatement sur le potage. En un instant les soupières furent vides : trouvant superflu, et du reste trop long, l'usage de la cuillère, ils avaient directement avalé le contenu des récipients, avec toute la vitesse permise par l'engloutissement des tranches de pain noyées dans le liquide. Ils passèrent alors au plat de résistance, et, cette fois, nous devons le reconnaître, soit que les os dont la viande était parsemée leur commandassent quelque prudence, soit que l'appétit fût devenu moins impérieux, ils mangèrent avec une gloutonnerie très atténuée. Ils trouvèrent même le temps de se faire des niches. L'un d'eux avait-il fini de ronger un os, il l'enfouissait sournoisement dans la choucroute du voisin, si celui-ci avait l'imprudence de tourner la tête. Le mystifié, quand l'obstacle lui craquait sous la dent, ne se fâchait aucunement; n'en avait-il pas fait autant un moment auparavant? Nous ne parlons pas des miches de pain qui disparurent dans la tourmente.

Les grandes vacances de 1900 se passèrent, partie à Charrat, partie à Berne; elles ne présentèrent rien de particulier; si les promenades demeurèrent aussi nombreuses, les excursions proprement dites furent cependant plus rares. Pour la première fois d'ailleurs, Paul Fischer dut arracher au jeu une ou deux heures par jour, pour les consacrer à l'étude. En voici la raison. Destiné à suivre l'enseignement classique, qui n'était pas donné à Chaptal, il entrerait, en octobre, au lycée Carnot. Or en sixième, classe dans laquelle il débuterait, il se trouverait avec des élèves ayant, depuis trois ans déjà, commencé l'allemand. Aussi dut-il, chaque jour, étudier cette langue, d'abord non loin de Charrat, à Saxon, où un instituteur lui en apprit les éléments, puis à Berne, où des leçons d'un degré un peu supérieur lui furent données par un jeune homme qui finissait à peine ses classes, M. Georges Mathey. A défaut d'une expérience pédagogique à laquelle il était le dernier à prétendre, cet éducateur modeste autant que précoce apporta dans son enseignement une conscience telle, que ses cours valurent certainement ceux du meilleur maître. L'élève y trouvait le plus vif attrait : ses parents avaient, comme l'année précédente, loué tout meublé un petit pied-à-terre, et, bien que ce ne fût plus au cœur de la ville, mais dans la périphérie, au Kirchenfeld, la distance séparant ce quartier du Rabbenthal, où habitait M. Georges Mathey, était rapidement franchie. Puis ces leçons avaient donné à Paul Fischer accès dans la famille même du jeune professeur. Foyer patriarcal, s'il en fut. On ne pouvait y passer un moment sans en emporter de salutaires impressions. Il n'y avait pas jusqu'aux jeux innocents qui n'y demeurassent en honneur, comme au temps de nos grands parents. Paul Fischer y apprit le saut de puces, consistant à faire passer dans une boîte, par la pression de l'index, des jetons représentant ces vilaines bêtes; le perdant devait retirer avec les dents un anneau enfoui dans la farine : on devine aisément l'état dans lequel se trouvait le visage, l'opération terminée. L'étude du latin fut-elle commencée en même temps que celle de l'allemand? C'est douteux, et pourtant le futur lycéen eut, nous ne savons plus pourquoi, à faire des devoirs ou à apprendre des leçons dont la matière était fournie par un livre de M. Martel, le reviseur bien connu de la grammaire latine de Chassang. Ce fut très court en tout cas, mais suffisant cependant, un jour de travail difficile, pour provoquer en sa jeune âme des velléités aussi meurtrières qu'irrévérencieuses, auxquelles nul vraiment ne se serait attendu : « Si je tenais ce Martel, s'écria-t-il rouge de colère, je l'étranglerais sur l'heure. » Le samedi 22 septembre, il revoyait Paris, et, dès le lendemain, il visitait l'Exposition; il y dînait même, afin de ne rien perdre des illuminations et des effets changeants du Château d'eau.

Il y retourna presque chaque jour jusqu'à la fin des vacances, ensuite le dimanche, régulièrement, et, en semaine, le soir, plus d'une fois. Par un devoir bien fait, par une leçon vite apprise, il savait entraîner ses parents à cette fête incomparable, qui fut vraiment unique en son genre. Personne certainement n'a déjà oublié les merveilles qui s'y trouvaient accumulées, et d'ailleurs notre intention n'est pas de les rappeler. Nous nous bornerons à signaler les parties de l'Exposition où Paul Fischer s'arrêta surtout : le palais indien, dont le thé était fort apprécié; l'annexe de Ceylan, où, sur un piano exotique, un artiste de talent, M. Tedesco, jouait des morceaux de sa composition, *le Diamant rose* particulièrement; le pavillon des produits forestiers; celui de la navigation; la section des moyens de transport, offrant aux regards une vraie berline d'autrefois (les voyageurs s'y trouvaient simulés au moyen de mannequins très réussis); la salle des jouets de Nuremberg, pleine d'enfants s'extasiant devant le corbeau de la fable tenant « en son bec un fromage »; la rue des Nations, aux constructions originales; et, gardons-nous de l'oublier, la plate-forme roulante électrique. Près de la Tour Eiffel se voyaient plusieurs bicoques hétéroclites où la race noire était spécialement représentée; on y entendait, ponctués par le tam-tam, des boniments qui ne manquaient pas d'agrément : Paul Fischer s'y promena fréquemment encore.

LE LYCÉEN

(1900-1908)

Celui dont nous relatons la vie a suivi les cours du lycée
Carnot pendant huit années consécutives.

Les quatre premières années se passèrent dans les classes
de sixième, de cinquième, de quatrième et de troisième; ce
fut une époque inquiétante de laisser-aller; l'un des professeurs déclara que l'élève, s'il continuait, ne serait jamais
reçu bachelier : « Bien doué, mais léger et étourdi. Travail irrégulier. Inattention continue. », voilà des mentions
qui revenaient constamment dans les bulletins de notes
trimestriels. Les compositions étaient à l'avenant; sur un
effectif d'une trentaine d'élèves, il réussit deux fois à être
quatrième, mais en moyenne il était dix-huitième. Pendant
les quatre dernières années au contraire, lesquelles furent
prises par une nouvelle troisième, puis par la seconde, la
première et la philosophie, il se montra lycéen exemplaire :
« Appliqué, consciencieux, en progrès. Travaille très bien.
Excellent élève. », portèrent désormais les bulletins. Il fut,
dès lors, souvent premier, et très fréquemment deuxième;

quant aux places de troisième ou de quatrième, elles devinrent extrêmement communes.

Jusqu'à sa sortie du lycée, il eut le même proviseur, M. Fretillier, le même surveillant général, M. Édouard Trouillon, fonctionnaire d'une grande modestie et d'un attachement au devoir au moins égal, et les mêmes répétiteurs, MM. Cahen, Dozières, Micouleau, Noiret, Rosain, Tournié et Tozza, pour ne citer que ceux avec lesquels il fut particulièrement en rapport. Il eut enfin comme censeur, les deux premières années, M. Ferdinand Agabriel, et les suivantes, M. Chicoulan. Quant aux professeurs, nous les indiquerons classe par classe.

Voici des condisciples dont, en bien des circonstances, nous entendîmes prononcer le nom : Gustave Aron, Paul Baize, Baschet, Maurice Benoit, Jean Bertrand, Billet, Maurice Blum, Albert Blutel, Marcel Blutel, Ernest Bourdin, Édouard Bunge, André Cagnard, Candiani, René Chérot, Philippe Cordey, Louis Denamiel, Jacques Drouin, Jean Ellenberger, Louis Forest-Defaye, Henri Frapié, Pierre Frapié, Gache, Marcel Geissé, René Gilles, Louis Heïmann, Gaston Ingelbach, Guy Journet, Édouard Kœrner, Lacroix, Albert Lennertz, Jacques Leroux, Pierre Lestringuez, Jean Lichtenberger, Pierre Lisle, Louis de Manoël-Saumane, Jacques de Maximoff, Mayen, Jean Meneau, Rodolphe Mezger, Jean Morin, Max Oster, Paul Pimienta, Maurice Pinalie, Marcel Plateau, Pomera, Marcel Ricoux, André Rosenberg, Victor de Seilhac, Édouard Stamm, René Théry, Étienne Trèves, Robert Vernes, André Viaux,

Pierre Vinard, René Vinard, Paul Weber, Georges Weinstein et René Zivy.

M. André Viaux fut, de tous ces jeunes gens, celui qui inspira à Paul Fischer la sympathie la plus vive. Ils revenaient ensemble de classe, et fréquemment se retrouvaient le dimanche, pour une promenade. Ce fut une amitié durable autant que sincère : elle devait survivre à la sortie du lycée.

Quelque dépourvue d'intérêt que puisse paraître, au premier abord, la nomenclature des manuels qui furent en usage dans les classes, nous la donnerons chaque fois que cela sera possible, car, nous le savons, et nous l'avons dit d'ailleurs dans l'avant-propos, elle mettra plus d'un condisciple sur la piste d'abondants et souvent fort joyeux souvenirs. Tel livre rappellera la caricature d'un maître rapidement crayonnée sur la garde même ; tel autre, une leçon soufflée, du commencement à la fin, par le voisin complaisant ; etc. Les personnes que ces détails n'intéresseront pas les passeront ; d'ailleurs, nous ne serons pas toujours en état d'indiquer l'auteur ou l'éditeur, et la liste se trouvera abrégée d'autant. Nous ne mentionnerons aussi qu'une fois pour toutes chaque ouvrage : ce sera à propos de la classe au cours de laquelle il aura été utilisé en premier lieu. A ce sujet toutefois, on ne s'étonnera pas de voir adoptés à tel ou tel degré de la scolarité des manuels qui, présentement, le sont à un autre ; du reste, le remaniement, décrété en 1902, des programmes de l'enseignement secondaire comporta plus d'une mesure transitoire. Cette bibliographie rappellera enfin la librairie Munier aux anciens camarades de Paul Fischer. N'est-ce pas là, en effet, en face même du lycée, au 132 du boulevard Malesherbes, qu'ils achetèrent, comme lui, tous ces livres? Ils songeront à la cohue du jour de la rentrée, au modeste magasin envahi, aux commis perdant la tête!

CLASSE DE SIXIÈME CLASSIQUE

(1900-1901)

Programme : français, latin, récitation, allemand, histoire, géographie, calcul, histoire naturelle, dessin d'imitation, gymnastique.

Professeurs : MM. Schnéegans (français, latin, histoire et géographie), A. Wolfromm (allemand), Laurent Oliveda (calcul), Mercier (histoire naturelle), Lefebvre (dessin), Jonnet (gymnastique).

Livres :

Dictionnaire classique (A. Gazier, — A. Colin et Cie) ; *Grammaire française*, cours moyen (A. Chassang, revision L. Humbert, — Garnier frères); *La Fontaine, Fables; Morceaux choisis de littérature française*, cl. de 6e (Ch. Lebaigue, — Belin frères); = *Lexique français-latin* et *lexique latin-français* (Sommer, rev^{on} E. Chatelain, — Hachette et Cie); *Grammaire latine* (A. Chassang, rev^{on} L. Martel, — Garnier frères); *Siret, Epitome historiæ græcæ* (L. Martel, — Garnier frères); *Lhomond, De viris illustribus Urbis Romæ* (P. Commelin, — Garnier frères); *Les premières lectures latines en classe* (A. Font, — Garnier frères); *Cours de thèmes oraux* (L. Martel, — Garnier frères); = *Dictionnaire français-allemand* et *dictionnaire allemand-français* (J. Dresch, Delalain frères); *Cours moyen de langue allemande*, 1re partie (Mathis, Meneau, Muller, Schürr, — A. Laisney); = *Histoire ancienne des peuples de l'Orient*, cl. de 6e (Ch. Normand, — F. Alcan); = *Cartes d'étude pour servir à l'enseignement de la géographie* (Marcel Dubois, E. Sieurin, — Masson et Cie); *Géographie générale du monde et du bassin de la Méditerranée*, cl. de 6e (F. Schrader et L. Gallouédec. — Hachette et Cie); = *Cours élémentaire de zoologie* (E. Belzung. — F. Alcan).

Deux de ces livres, l'*Histoire ancienne* et les *Morceaux choisis*, appellent une mention particulière. Le premier fut lu et relu avec un intérêt qui ne se démentit pas; Ch. Normand, on le sait de reste, savait merveilleusement narrer à la jeunesse, conter si on le veut, les choses du passé. Dans le second ouvrage. furent prises plusieurs leçons à apprendre par cœur : le jeune Bacchus et le Faune (Fénelon), les Métiers (Aicard), l'Horloge (Lemonnier), la Chanson du Vannier (A. Theuriet), Trop heureux (Voltaire), le Chant des Bûcherons (A. Theuriet), un Étranger à Paris (Montesquieu), Gil Blas et le Fripier (Lesage). Paul Fischer récitait allégrement la plupart de ces morceaux, et si son âge ne l'avait condamné au rôle de simple auditeur, il aurait pu débiter de fort heureuse façon le spirituel apologue de Voltaire, par exemple, à une matinée donnée, dans le courant de mars, à la mairie du IVe arrondissement, au bénéfice des colonies maternelles scolaires, dont Mlle Beauparlant était trésorière. En récitation pourtant, la seule branche qui lui valut une nomination à la distribution des prix, il n'obtint qu'un accessit, et le quatrième encore !

Cette cérémonie eut lieu le 30 juillet, sous la présidence de M. Boulloche, conseiller à la Cour de cassation. M. Misoffe, professeur de rhétorique — on ne dira première, à

Carnot, qu'à partir de 1904 —, y salua le nouveau siècle. M. Boulloche montra aux élèves ce qu'ils devaient au progrès, tant au point de vue du régime des lycées que touchant le programme même des études.

En 1901, Paul Fischer s'absenta trois fois de Paris : à Pâques, à la Pentecôte, et naturellement aux grandes vacances.

A Pâques, il partagea son temps entre Berne et Zurich, coupant son séjour dans la première ville par une courte excursion à Lausanne et à Genève. Se trouvant à Berne le jour même de Pâques, il put y prendre part au jeu traditionnel des œufs. Au cours de l'après-midi, les habitants s'attroupent sur l'une des places publiques, peut-être bien la Waisenhausplatz. Grandes personnes et enfants sont porteurs d'œufs durs. De voisin à voisin, on éprouve la solidité des coques en les choquant l'une contre l'autre. Les œufs que le heurt a maltraités passent en la possession des joueurs qui ont vu les leurs résister. Paul Fischer eut un bonheur persistant : au bout d'une heure, il avait les éléments d'un copieux entremets. Disons qu'il s'était, l'année précédente, formé la main à Zurich, où la coutume existe également, mais sur une moindre échelle.

Pour la Pentecôte, il alla à l'île de Batz, près de Roscoff, puis à Brest. Il put ainsi se rendre compte de ce qu'était un port militaire, de ce qu'était un arsenal, de ce qu'était une escadre ; il monta à bord d'un cuirassé, l'*Iéna*, et visita le Château. Il ne faisait pas cher vivre alors ; voici le menu d'un dîner, à deux francs par tête, à l'Hôtel des Messageries : potage gras, maquereau sauce mayonnaise, bœuf flanqué de légumes, poulet aux petits pois, pommes de terre nouvelles au beurre, rosbif, dessert, vin ou cidre à volonté.

Les grandes vacances commencèrent par un voyage à Londres. Paul Fischer s'y rendit de Boulogne, à bord de la *Marguerite*, bateau remontant fort avant la Tamise. Il en revint le 11 août, ayant parcouru, un peu au hasard, cette ville immense, mais ayant vu cependant la Tour, l'abbaye de Westminster, Saint-Paul, le British Museum, la Galerie nationale de tableaux, sa voisine, affectée aux portraits, la collection Tussaud, la Banque, la Bourse, la Cour de justice, le Temple, Hyde Park, le Parlement. Les momies du British Museum le surprirent par le nombre autant que par le bon état de conservation. Il trouva à la Galerie nationale les tableaux originaux de scènes qu'il avait bien souvent regardées dans l'ancienne collection du *Magasin pittoresque*, comme le Mariage à la mode, du satirique Hogarth, le Musicien aveugle, de Wilkie, Dignité et impudence, de Landseer. Si, à la Chambre des lords, il fut intrigué par le sac de laine symbolique du chancelier, la Cour de justice et le Temple ne l'étonnèrent pas moins par les perruques des gens de loi, et la Banque, par le costume suranné de l'huissier. Cet étonnement toutefois ne dépassa pas celui des petits cockneys en arrêt devant ses jambes nues : la pudeur britannique admet bien la culotte chez les jeunes garçons, mais elle exige les bas en même temps; elle est singulièrement plus accomodante avec les Highlanders!

Il se plut enfin à reconnaître qu'à table, un Anglais se comporte autrement qu'un Allemand, surtout un Allemand de Constance.

Trois jours après son retour de Londres, le 14 août par conséquent, il se dirigeait de nouveau vers Berne, qu'il devait quitter seulement le 28 septembre, pour rentrer en France par Genève. Pendant ce long séjour à Berne, toujours au Kirchenfeld, il dut, ainsi que l'année précédente, prendre un peu de temps sur ses plaisirs afin de se fortifier, sous la direction de M. Georges Mathey, dans la pratique de la langue allemande et dans l'étude du latin ; un camarade de son jeune professeur, M. Staub, lui donna aussi quelques leçons de mathématiques.

CLASSE DE CINQUIÈME CLASSIQUE

(1901-1902)

Programme : français, latin, grec, récitation, allemand, histoire, géographie, arithmétique, histoire naturelle, dessin d'imitation, gymnastique.

Professeurs : MM. Gache (français, latin, grec, allemand, histoire et géographie), Oliveda (arithmétique), Mercier (histoire naturelle), Lefebvre (dessin), Jonnet (gymnastique).

Livres :

Fénelon, Aventures de Télémaque ; Extraits des classiques français, cours moyens, prose et poésie (G. Merlet, — P.-A. Fouraut); *Racine, Esther* (P. Jacquinet, — Belin frères); = *Dictionnaire français-latin* (L. Quicherat, rev⁰ⁿ E. Chatelain, — Hachette et Cⁱᵉ) et *dictionnaire latin-français* (E. Benoist, H. Goelzer, — Garnier frères); *Cornelius Nepos* (P. Commelin, — Garnier frères); *Heuzet, Selectæ e profanis scriptoribus historiæ* (L. Martel, — Garnier frères); = *Petit lexique français-grec* (L. Martel, — Garnier frères); *La première année de grec* (Riemann, Goelzer, — A. Colin); *Ésope, Fables,* édition avec lexique; = *Cours moyen de langue allemande,* 2ᵉ partie (Mathis, Meneau, Muller, Schürr, — A. Laisney); = *Histoire grecque,* cl. de 5ᵉ et de 6ᵉ mod. (Ch. Normand, — F. Alcan); = *Géographie élémentaire de la France et de ses colonies,* cl. de 5ᵉ et de 6ᵉ mod. (F. Schrader et L. Gallouédec, — Hachette et Cⁱᵉ); = *Leçons d'arithmétique,* classes élémentaires (A. Ducatel, — Masson et Cⁱᵉ); = *Géologie et botanique,* cl. de 5ᵉ (A. Perrin, — Ch. Delagrave).

Les livres devenaient vraiment trop nombreux pour trouver place désormais dans le pupitre de chêne. Peu à peu, d'ailleurs, ce pupitre s'était rempli de choses de toutes sortes, pour la plupart futiles; on y voyait cependant un microscope. Une bibliothèque, placée bien à portée de la main, reçut tous les volumes. Si forcément quelques rayons demeurèrent vides au début, ils ne tardèrent pas à être occupés par des objets assez disparates : coquillages, fossiles, pâte à modeler, outils de sculpteur, album de cartes postales, collection de timbres-poste, etc. Entreprise à ce moment, cette collection constitua un agréable passe-temps, surtout le jeudi et le dimanche; une courte apparition à la petite bourse des Champs-Élysées vint partager les après-midi, sans que la visite des musées en souffrît le moins du monde. Bien vite, en effet, les uns et les autres furent familiers au lycéen, depuis le Louvre, le Luxembourg, Cluny, Carnavalet, Guimet, Galliéra jusqu'aux salles, assurément moins importantes, mais fort attrayantes encore cependant, du Trocadéro, des Invalides, de l'Opéra, de l'École des mines et des deux Conservatoires. Mentionnons aussi la Maison de Victor Hugo, d'autant plus que cette année-là, une semaine avant une seconde matinée au profit des colonies maternelles scolaires, le dimanche 2 mars, il assista à un festival organisé au Trocadéro pour célébrer le centenaire du poète : il y entendit une allocution d'Anatole France et de nombreuses pièces de vers, dont une récitée par Silvain, de la Comédie-Française. Nous n'oublierons pas enfin les galeries du Muséum, rivalisant d'intérêt avec les jardins, les serres et la ménagerie, puis, bien qu'il n'ait rien d'officiel, le musée Grévin.

Il existe une photographie de la classe de cinquième, prise au cours de l'année scolaire. A gauche de M. Gache est assis Paul Fischer, dont la physionomie se trouve assez exactement rendue; immédiatement après lui vient, si nous ne faisons pas erreur, son condisciple Morin.

La distribution des prix eut lieu le 31 juillet. M. Barau, professeur de philosophie, prononça le discours d'usage. En un style sobre et non sans beauté, il montra aux élèves le rôle difficile qui les attendait dans un siècle de négations et de discussions, où le devoir était parfois plus malaisé à déterminer qu'à remplir. Le président, M. Poincaré, inspecteur général de l'Instruction publique, parla du choix d'une carrière. Paul Fischer obtint une mention en français, et une autre en version latine.

A Pâques, il s'était rendu dans le Midi. Carcassonne et l'étonnante cité du moyen âge qui domine la ville, Narbonne, Perpignan, Cette, Nîmes, ses arènes, sa maison carrée et la tour Magne, Tarascon, Arles, qui, elle aussi, possède des arènes et, de plus, tire fierté de ses Alyscamps, Marseille, non moins orgueilleuse de son port de la Joliette, de sa station de paquebots pour l'Extrême-Orient, de son jardin zoologique et de sa promenade de la Corniche, Nice enfin s'étaient trouvés sur la route. Au retour, il avait, de Lyon, gagné Genève, d'où il était rentré en France.

Peu après la distribution des prix, il partit pour Bruxelles; il y fut accueilli, avec la plus grande cordialité, par des amis de sa famille (que sont-ils devenus?). Il explora ensuite le champ de bataille de Waterloo, alla à Dordrecht, à Rotterdam, à La Haye, à Leyde, à Harlem, à Amsterdam, puis, après avoir suffisamment regardé de moulins à vent dans la campagne flamande, et non moins suffisamment examiné de tableaux dans les musées des villes, il revint à Rotterdam, d'où il s'embarqua pour Harwich.

Il arrivait ainsi à Londres le 11 août et y restait cinq jours, visitant tout le groupe des musées de Kensington, et remarquant l'art avec lequel, dans les galeries d'histoire naturelle, les effets de mimétique sont obtenus pour les animaux des régions polaires; il revoyait aussi la Cité, et, à Mansion House, assistait à une audience, fort curieuse, où le Lord-maire jugeait en personne diverses affaires.

Moins de trois jours après son retour en France, le 18 août, il prenait le train pour Strasbourg : il admirait, dans cette ville, la cathédrale, l'horloge astronomique, le tombeau du maréchal de Saxe, allait jusqu'au pont de Kehl, traversait Colmar, se détournait un instant de son itinéraire pour voir Munster, et contempler d'un peu plus près les cimes arrondies des Vosges, passait quelques heures à Fribourg-en-Brisgau, et finalement, entrant en Suisse par Bâle, s'installait, pour un mois, au Kirchenfeld, comme précédemment. A Berne, il alla voir dans leur nouvelle demeure, à côté de l'hôpital Victoria, M. et Mme Mathey. Ils étaient profondément attristés : une de leurs filles ne parvenait pas à se remettre d'une bronchite extrêmement grave contractée pendant la mauvaise saison; elle était obligée de garder la chambre, le lit même. Quant à M. Georges Mathey, il avait endossé l'uniforme. Sa famille le voyait par intervalles, mais c'était assez irrégulier; il fallait parfois saisir l'occasion au vol. Un jour qu'après une longue marche, il devait revenir à la caserne par la Kornhausstrasse, elle se rendit avec Paul Fischer et ses parents sur la passerelle dominant cette rue : au bout d'un quart d'heure, le jeune soldat apparut blanc de poussière, visiblement fatigué, mais s'efforçant pourtant de faire bonne contenance sous le sac. M. Staub n'avait pas encore pris ses vacances : il s'absenterait dans la dernière quinzaine de septembre seulement, et parcourrait alors la Suisse orientale. Il put donc, jusqu'à cette époque, continuer les leçons de mathématiques commencées en 1901; elles portèrent principalement sur les éléments de l'algèbre. Les promenades n'en furent aucunement entravées, même les plus longues, celle, par exemple, dont Muri est le but. Nous ignorons si les environs de Berne ont toujours l'aspect qu'ils offraient alors, mais il n'était pas de chemin plus séduisant que celui qui, du sud du Kirchenfeld, conduisait à ce village. Après avoir longé un instant la forêt du Dählhölzli, on se trouvait en pleine campagne. Des maisons rustiques apparaissaient peu à peu. Elles étaient fortement en arrière de la route, afin d'échapper à la poussière que les chars ou les bestiaux soulevaient par les temps secs; on y accédait même le plus souvent par une avenue bordée d'arbres. Celle-ci se terminait alors par un massif ombreux, qui, dépassant le toit, tamisait les rayons du soleil sans en enlever la gaîté. Sur la porte se tenait généralement un basset de pure race bernoise. Son aboiement ne devait pas vous effrayer : le chien mourait de peur que vous n'approchiez; le courage ne l'animait que pour défendre les reliefs de sa pâtée convoités par les moineaux. Tout plaisait à Muri, jusqu'au cimetière, qui n'avait rien de mélancolique, tant était riant l'aspect sous lequel s'y présentait la vallée de l'Aar. De l'éminence voisine du Gurten, certes, l'horizon était autrement vaste; mais ce que la vue gagnait en étendue, elle le perdait indéniablement en charme. Avant de quitter Berne, Paul Fischer voulut revoir Morat; en s'y rendant, il s'arrêta à Neuchâtel, entra au musée des beaux-arts, au rez-de-chaussée duquel se trouvent d'intéressants autographes, d'Agassiz notamment, puis au musée d'histoire naturelle : là, il s'extasia devant toute une série de petits animaux groupés en des scènes dignes du *Roman du Renard*. La dernière semaine des vacances s'écoula à Lausanne.

CLASSE DE QUATRIÈME A

(1902-1903)

Programme : français, latin, grec, récitation, allemand, morale, histoire, géographie, mathématiques, dessin d'imitation, gymnastique.

Professeurs : MM. Martel (français, latin, grec et morale), Félix Meneau (allemand), Agabriel, précédemment censeur (histoire et géographie), Rosain (mathématiques), Lefebvre (dessin), Jonnet (gymnastique).

Livres :

Corneille, Théâtre choisi (L. Petit de Julleville, — Hachette et Cⁱ⁰); *Molière, Scènes choisies* (Thirion, — Hachette et Cⁱⁿ); *Racine, Athalie* (E. Gerusez, — Hachette et Cⁱⁿ); *Anthologie classique des poètes du* xIXᵉ *siècle*, cours élémᵗˢ et moyens (G. Merlet, — A. Lemerre); = *César, Commentaires sur la guerre des Gaules* (E. Benoist et S. Dosson, revᵗⁿ Lejay, — Hachette et Cⁱⁿ); *Ovide, Métamorphoses* (L. Armangaud, — Hachette et Cⁱⁿ); *Virgile, Œuvres* (Ch. Aubertin, revⁿ Ch. Lebaigue, — Belin frères); = *Lucien, Extraits* (Roger, — Ch. Delagrave); = *Kleine deutsche Grammatik* (F. Meneau, A. Wolfromm, Th. Lorber, — H. Didier); *Cours moyen de langue allemande,* 3ᵉ partie (Mathis, Meneau, Muller, Schür, — H. Didier); *Lehrbuch*, Quarta und Tertia (Cart et Dorfeld, — Ch. Delagrave); *Deutsches Lesebuch Mittelstufe,* I Teil (Meneau, Wolfromm, Lorber, — H. Didier); *Der Herbst* (F. Meneau et A. Wolfromm, — H. Didier); = *Histoire du peuple romain* (Ch. Seignobos, — A. Colin); = *Géographie générale et Amérique*, cl. de 4ᵉ (F. Schrader et L. Gallouédec, — Hachette et Cⁱᵉ); = *Géométrie élémentaire* (Ch. Vacquant, — Masson et Cⁱᵉ).

Quelques leçons ou explications dont la matière fut fournie par ces livres : dans Corneille, la scène célèbre du quatrième acte d'*Horace* (Envoyé par le roi, etc.); dans Racine, l'inévitable songe; dans le *Lesebuch*, une histoire interminable où il était question d'un ânier; dans le *Herbst*, plusieurs passages dont l'intérêt se trouvait rehaussé par une gravure synthétique.

Cette année-là, les élèves ne furent pas photographiés, mais vaccinés; la mesure toutefois n'eut rien de général : ne s'y soumirent que ceux qui le jugèrent bon. Paul Fischer fut du nombre. Il ne voulut pas sans doute passer pour douillet aux yeux de ses camarades qui affrontaient bravement la lancette du praticien; mais, d'autre part, il ne pouvait trop se prémunir contre les maladies épidémiques ou les maladies infectieuses, quelles qu'elles fussent. Comme plus d'un garçon de son âge, il avait la déplorable habitude de se ronger les ongles. Cela faillit avoir des conséquences graves. Une après-midi de février, il eut une peine infinie à rentrer à la maison; les jambes fléchissaient, il éprouvait une forte courbature, et ressentait en outre dans la gorge comme des piqûres réitérées. Le médecin ne dissimula pas son inquiétude : des cas de diphtérie existaient dans le xviiᵉ arrondissement. Il fallut huit jours de soins énergiques pour conjurer le mal, huit autres pour mettre le malade en état de retourner au lycée. Les ongles

avaient évidemment servi de véhicule à des germes mor-
bides qui s'étaient introduits dans l'organisme; deux
manuscrits de la Bibliothèque de l'Arsenal furent même un
instant soupçonnés d'avoir abrité ces germes. Voici pourquoi. En classe, un professeur avait incidemment parlé de
l'Homme au masque de fer. L'élève fut vivement intrigué.
Il voulut, comme tant d'autres, avoir l'explication du
mystère. Son père lui fit lire ce que Voltaire en avait dit
dans le *Siècle de Louis XIV*, et lui énuméra les principales
conjectures formées depuis sur l'énigmatique personnage.
La curiosité n'en devint que plus ardente. Sa mère le
conduisit alors, un jeudi, à l'Arsenal; il put y compulser
les registres tenus par Du Junca, et interroger, tout à
loisir, les feuillets concernant l'entrée du prisonnier à la
Bastille, en 1698, et sa mort, suivie d'inhumation au cimetière Saint-Paul, en 1703. S'il n'avait tenu qu'à lui, il
aurait fouillé les tombes; mais un gardien de la paix,
auprès duquel il se renseigna, lui montra du doigt des
immeubles édifiés sur leur emplacement.

Ce fut M. Comte, professeur de seconde, qui, à la distribution des prix, prononça le discours principal, une mercu-
riale très douce aux élèves indociles; le président, M. Binger,
directeur au ministère des Colonies, expliqua que le
patriotisme pouvait exister sans qu'on haït ni méprisât
l'étranger.

Paul Fischer voyagea en 1903 au moins autant que
l'année précédente.

Un jeudi de mars, il alla à Rouen; il visita la cathédrale

et le Palais de Justice, et, dans un musée, examina avec curiosité une vieille porte, qui n'était autre que celle du logis du grand Corneille.

Pour les vacances de Pâques, il se rendit à La Rochelle, dont les arcades lui rappelèrent celles de Berne, à Bordeaux, à Pau, à Lourdes, dont la grotte, la piscine et aussi le château, bâti par les Maures, attirèrent son attention, et d'où il rapporta une règle présentant en enfilade des spécimens des plus beaux marbres du pays, puis à Toulouse ; de cette ville, il gagna la Suisse. Ses parents voulaient passer une dizaine de jours à Interlaken : dès avril, le temps y est parfois fort beau ; cependant des rafales de neige continues les empêchèrent d'aller au delà de Thoune. Rebroussant chemin presque jusqu'à la frontière, ils s'installèrent au village des Verrières. Là, l'ouragan ne sévissait plus, mais le sol se trouvait couvert d'une épaisse couche blanche. De nombreuses heures durent être passées dans la grande salle de l'hôtel ; Paul Fischer ne s'y ennuya pas trop pourtant, car il y fraya avec d'agréables jeunes gens, qui l'initièrent au jeu de quilles de salon. Un moment vint enfin où il fut possible de se rendre au Chapeau de Napoléon, à Fleurier, à Buttes, à Boveresse, à Neuchâtel.

Pour la Pentecôte, voyage en Normandie, très court naturellement. Caen, Vire, Avranches, le Mont Saint-Michel, Saint-Malo, Saint-Servan furent vus à la hâte.

Le 1er août, Paul Fischer débarquait avec sa mère à Folkestone, et il s'y arrêtait. De jeunes Anglais, de jeunes Anglaises ne tardaient pas à l'inviter à partager leurs jeux ;

parmi ces dernières était une délicieuse fillette aux cheveux
blonds bouclés, miss Trixy Burton, qu'il devait revoir
plusieurs années de suite, soit sur cette plage, soit à
Londres. Le bateau, l'omnibus ou le chemin de fer permirent plus d'une excursion, particulièrement à Sandgate,
à Douvres et à Cantorbéry.

De retour à Paris le 15 août, il en repartait cinq jours
plus tard pour les Brenets, village suisse perché presque au-
dessus de la chute du Doubs. Le paysage y est très agréable,
l'air incontestablement sain ; mais, par instants, la chaleur
y devient fort vive. Dans le voisinage se trouvent le Locle
et la Chaux-de-Fonds, où le travail de l'horlogerie est en
honneur. La première de ces localités, la plus proche des
Brenets, possédant un collège, les parents de Paul Fischer
firent donner quelques répétitions de mathématiques à leur
fils. C'était une branche où il n'avait que fort peu pro-
gressé, en dépit de la précision apportée par M. Rosain
dans son enseignement, et malgré même tout l'intérêt
avec lequel, en sixième et en cinquième, il avait suivi les
démonstrations de M. Oliveda, ce professeur si sympathique, si expérimenté, connaissant si bien la jeunesse, et
qui saurait mettre de l'attrait jusque dans l'extraction d'une
racine carrée. Ce fut la dernière fois qu'il prit des leçons
particulières. Il revint à Paris un peu plus tôt qu'en 1902 ;
cela lui permit de faire, avant de rentrer au lycée, diverses
promenades dans la banlieue, aux bois de Chaville notamment. Il eut le temps également de visiter quelques
édifices, quelques établissements intéressants, spécialement

l'hôtel Lauzun et la manufacture des tabacs, qu'il trouva
aussi curieuse, dans son genre, que celle des Gobelins, dont
il avait auparavant parcouru les ateliers. Il ne manqua pas
non plus, surtout par les jours de vent, de faire évoluer
dans le bassin des Tuileries les deux ou trois bateaux à voile
qui composaient sa flottille.

CLASSE DE TROISIÈME A

(1903-1904)

Programme : français, latin, récitation, allemand, morale,
histoire, géographie, mathématiques, dessin d'imitation,
gymnastique.

Bien qu'il s'agisse d'une division A, nous ne mentionnons
ni le grec, dont l'étude, rendue facultative par le décret de
1902, ne se trouve pas poursuivie, ni l'anglais ou l'espagnol, dont l'enseignement n'est pas encore abordé ; les
heures devenues libres à la suite de l'abandon de la langue
morte sont reportées sur l'allemand et sur le dessin.

Maintenant nous sommes hors d'état de distinguer les
livres de l'année scolaire 1903-1904 de ceux de la suivante,
où, nous l'avons dit, la classe de troisième dut être recom-
mencée ; nous les groupons donc :

Boileau, Œuvres poétiques (F. Brunetière, — Hachette et Cⁱᵉ); *Molière, le Misanthrope; Morceaux choisis des classiques français*, cl. de 2ᵈᵉ
et de 1ʳᵉ, prose et poésie (F.-L. Marcou, — Garnier frères); = *Sal-
luste, Catilina et Jugurtha* (R. Lallier, revᵘᵉ F. Antoine, — Hachette et
Cⁱᵉ); *Narrationes* (O. Riemann, I. Uri, — Hachette et Cⁱᵉ); *Pages et
pensées morales extraites des auteurs latins* (H. Lantoine, — A. Colin);
= *Gottfried Keller, Kleider Machen Leute* (Schürr, — Hachette et Cⁱᵉ);

Schiller, Der Geisterseher ; Deutsches Lesebuch Mittelstufe, II Teil (Meneau, Wolfromm, Lorber, — H. Didier); = *Histoire du moyen âge*, cours de 5ᵉ (R. Jallifier et H. Vast, — Garnier frères); *Les Temps modernes*, cl. de 4ᵉ A, B et provisoirement de 3ᵉ A, B (E. Driault, — F. Alcan); = *Atlas classique* (Vidal-Lablache, — A. Colin); *Géographie de l'Europe*, cl. de 4ᵉ A, B (F. Schrader et L. Gallouédec, — Hachette et Cⁱᵉ); *Géographie de l'Asie, de l'Afrique et de l'Océanie*, cl. de 3ᵉ class. et de 4ᵉ mod. (mêmes auteurs et mêmes éditeurs); = *Cours abrégé d'arithmétique* (C. Bourlet, — Hachette et Cⁱᵉ).

En fait de leçons tirées de ces livres, signalons : dans Boileau, les épîtres VI et VII, à Lamoignon et à Racine; puis, dans les Morceaux choisis (prose), la description de l'île de Saint-Pierre, par Jean-Jacques Rousseau, et celle de la charge des cuirassiers sur le plateau de Mont-Saint-Jean, par Victor Hugo.

Pendant l'année scolaire 1903-1904, Paul Fischer eut pour professeurs MM. Henri Bernard (français, latin et morale), Wolfromm (allemand), Agabriel (histoire et géographie), Oliveda (mathématiques), Cochery (dessin d'imitation) et Jonnet (gymnastique).

La classe tout entière fut photographiée avec M. Bernard; dans le groupe, on peut, avec de la complaisance, distinguer Paul Fischer : il se trouve au premier rang.

M. Marcel, directeur des beaux-arts, présida là distribution des prix et y parla des amitiés de collège. Avant lui, un universitaire d'une vive pénétration d'esprit, M. Victor Schrœder, professeur de troisième, avait pris la parole pour donner quelques conseils aux diverses catégories d'élèves; brillants, consciencieux, modestes, étourdis, paresseux, aucun d'eux ne s'était vu oublié dans cette allocution, frappée au coin de l'observation la plus heureuse.

Pour Pâques, Paul Fischer se rendit à Saint-Étienne et à Tournon, suivit la rive droite du Rhône, ce qui lui permit, après Pont-Saint-Esprit, de contempler, au milieu de plantations de chênes verts, les restes encore imposants du Pont du Gard, franchit le fleuve vers Arles, s'arrêta un instant dans la patrie de Tartarin pour examiner la Tarasque, et atteignit ensuite Avignon, Pierrelatte, Nyons, Montélimar et Tain. Apercevant alors, en face même de la gare de cette dernière ville, le célèbre coteau de l'Ermitage, il ne put faire moins, avec son père, que de goûter au vin du pays. Puis le voyage continua par Valence, Grenoble, Bourg et Saint-Claude. Là, il laissa le chemin de fer pour gravir à pied, à l'exemple de ses parents, les pentes du Haut-Jura : les villages de Septmoncel, dont les habitants vivent de la taille des pierres précieuses, de Lajoux, où les sapins forment tout l'horizon, de Mijoux, qui nourrit des truites renommées, furent successivement atteints. La neige n'avait pas encore abandonné ces hauteurs, et il valait mieux attendre à une autre époque pour monter au col de la Faucille. Les voyageurs revinrent donc à Saint-Claude, poussèrent jusqu'aux Combes, puis, par Poligny et Arbois, se rendirent aux Verrières, où se terminèrent les vacances de Pâques.

En août, Paul Fischer séjourne d'abord une quinzaine de jours à Folkestone, où il retrouve son amie Trixy, puis, après un court repos à Paris, part pour le Jura et s'installe à la Chaux-des-Crotenay. C'est l'occasion de marches nombreuses. Les environs de ce village sont aussi accidentés que variés; les torrents, les cascades, les lacs y abondent, et çà et là s'étendent des forêts, inaccessibles en bien des points aux rayons du soleil, tant les branchages sont touffus. Les principaux buts d'excursion pédestre — un chemin de fer aux zigzags extraordinaires conduit à Morez — sont les villages des Planches, de Foncine-le-Bas, d'Entre-Deux-Monts, de Fort-du-Plasne et de Syam, les cascades de la Billaude et de la Langouette, et toute la série des lacs que l'on rencontre en allant du pont de Maisonneuve à Ilay. Cette pittoresque région est traversée par la route nationale de Paris à Genève, qui retrouve, grâce aux automobiles, un peu de l'animation qu'elle avait autrefois, du temps des diligences et des malles-poste. Paul Fischer aimait à en suivre les lacets, égayés par le bruit des cascatelles, et descendait volontiers jusqu'à l'auberge de la Billaude, où jadis les attelages se succédaient presque de minute en minute, et où ne s'arrêtent plus guère maintenant que quelques voituriers, conduisant d'énormes billes de bois aux scieries voisines. Mais, de toutes les excursions, celle qui permet peut-être de concevoir l'idée la plus juste du Jura moyen est celle du pont de Maisonneuve à Ilay. Vous pénétrez dans une combe dont le silence n'est troublé que par l'appel plaintif des mésanges ou par le murmure du ruisselet qui y serpente, puis vous voyez, à gauche, le Grand Bec s'allonger indéfiniment; les sapins dont cette montagne est couverte ne tardent pas à se refléter dans les eaux paisibles d'un lac, puis d'un deuxième, puis d'un troisième (vous en rencontrez même un quatrième, à droite, chemin faisant). C'est au troisième de ces lacs, dit de la Motte ou d'Ilay, que la vue devient particulièrement belle; en lui se mire la vallée tout entière, et si votre regard se porte en face, par moments, sur l'emplacement de l'ancien château-fort de l'Aigle, il ne tarde pas à revenir de lui-même, et sans se lasser, à l'azur de cette nappe d'eau, que souvent trouble seul le vol des libellules. Le retour à Paris eut lieu par Besançon; Paul Fischer put y prendre une glace dans un établissement qui n'avait pas changé depuis 1873, époque à laquelle son père était venu s'y asseoir au sortir d'une des épreuves du baccalauréat : c'est la confiserie Bouteloupt, située dans la Grande-Rue.

C'en était fini des vacances, mais non des voyages, de 1904. Pour les fêtes de la Toussaint, en effet, Paul Fischer alla de nouveau à Londres. Peut-être retourna-t-il à Westminster, afin d'en opposer l'ordonnance à celle de l'abbaye de Saint-Denis, qu'il visita cette année-là. Quelque temps auparavant, il avait examiné, dans tous ses détails, le trésor de Notre-Dame.

CLASSE DE TROISIÈME A

(1904-1905)

Nous renverrons au chapitre précédent pour tout ce qui a trait au programme de cette seconde classe de troisième, et aux livres dont on put s'y servir.

Comme professeurs, nous mentionnerons MM. Schrœder (français, latin et morale), Marius Nicolas (allemand), Georges Pagès (histoire et géographie) Vallée (mathématiques), Cochery (dessin d'imitation) et Jonnet (gymnastique).

A la distribution des prix, Paul Fischer, qui n'avait plus eu aucune récompense depuis 1902, obtint un quatrième accessit de thème latin. C'était peu de chose en vérité, mais c'était du moins l'indice d'une réaction contre l'insouciance qui avait particulièrement caractérisé les deux dernières années. La cérémonie fut présidée par M. Cosnard, maire du XVIIᵉ arrondissement; il parla de l'enseignement sous la troisième république et de l'idée de patrie. Quant au discours principal, il fut prononcé par M. Birot, professeur d'histoire; au lieu de développer une thèse quelconque, ce maître narra un voyage qu'il avait

fait à Athènes, comme membre d'un congrès d'archéo-
logie.

Sans aller si loin, Paul Fischer, à Pâques 1905, se
montra touriste accompli. C'est le bâton à la main et le
sac au dos qu'il parcourut, cette fois, le Jura, ne recou-
rant au chemin de fer que pour les longues distances, ou
pour les trajets sans intérêt. Le 20 avril, on eût donc pu
le voir cheminer, avec ses parents, sur la route d'Andelot
à Saint-Claude. Les voyageurs étaient vers onze heures à
Vers-en-Montagne, dans le courant de l'après-midi à
Champagnole, et avant la tombée de la nuit à Syam, où
ils prenaient le chemin de fer conduisant à Morez. Le lendemain, ils gravissaient sans trop de difficultés le talus de
la Mouille, bien que les chaussures s'enfonçassent profondément dans la neige, tombant par intervalles avec violence; mais, au village, une halte se trouvait imposée par
la tourmente. Elle eut lieu dans un de ces ateliers domes-
tiques dont la forge est activée par un chien trottant à l'intérieur d'une roue, un chien de cloutier pour employer
l'expression du pays. Le temps s'étant rasséréné dans
l'après-midi, la marche reprit. Longchaumois et Cinquétral furent successivement dépassés, puis Saint-Claude finalement atteint. Vingt-quatre kilomètres avaient été parcourus dans la journée; pour un garçon de quinze ans,
c'était très satisfaisant, sur un sol accidenté surtout (700
mètres d'altitude au départ, 980 au milieu de la course,
420 à l'arrivée). Le lendemain, les touristes montèrent,
par les lacets du mont Bayard, à la vallée de Tressus, mais

ils durent s'arrêter à l'auberge du Haut-Cret : la nuit était
venue, et seul un habitant de la région pouvait deviner
le chemin sous la neige épaisse qui le recouvrait. Ils louè-
rent aussitôt un traîneau et parvinrent ainsi à Lamoura
(1156 mètres d'altitude), où ils couchèrent. Le jour suivant, ils revirent Mijoux, et, après une marche rendue
extrêmement difficile par la neige, qui ne cessait de tomber, arrivèrent, à 1323 mètres, au col de la Faucille, où
malheureusement l'état du ciel les empêcha de jouir de la
vue qui, par un temps clair, y émerveille le touriste le
plus blasé. La descente à Gex fut assurément moins pénible.
Autrement facile également, le lendemain, le trajet de
cette ville à Ferney, par Cessy, où, à déjeuner, l'aubergiste
mit sur la table une carafe de cidre d'aspect singulier : le
breuvage était aussi incolore que l'eau pure ; comme bouquet pourtant, et comme piquant, il ne le céda en rien à
son congénère normand. De l'ancien hameau de Voltaire,
un tramway conduit à Genève. Paul Fischer passa quatre
jours dans cette ville, profitant d'une belle après-midi pour
faire une promenade à Saint-Julien, et consacrant presque
tout le reste du temps à la visite d'édifices qu'il ne connaissait pas encore. Au nombre de ces édifices figuraient et
l'Hôtel de Ville, où l'escalier est remplacé par une rampe
pavée, grâce à laquelle les conseillers d'autrefois pouvaient
accéder à la salle des séances sans quitter leur monture ou
leur litière, et l'Arsenal, qui possède les échelles à l'aide
desquelles fut tentée l'escalade de 1602. Il parcourut aussi
le musée Rath, qu'ornent quelques toiles sévères du paysa-

giste Calame, et trouva enfin un moment pour aller regarder fuir le Rhône au frais et gai sentier des Saules. Il rentra en France par Bellegarde, mais, arrivé à Charix, descendit du train, afin de faire la route à pied jusqu'à la Cluse et de voir ainsi, en détail, le lac Silan et le lac de Nantua. Le reste du voyage (Bourg, Lons-le-Saunier, Poligny, Mouchard, Salins, Vesoul, Paris) eut lieu, bien entendu, en chemin de fer.

Les grandes vacances débutent par un séjour d'un peu plus d'une semaine à Londres. Paul Fischer voit, dans la ville même, la collection Wallace et Tate Gallery, où il n'a pas encore eu le loisir d'aller, et, aux environs, le château de Windsor.

A la fin d'août, il se rend à Genève, à Saint-Amour, à Lons-le-Saunier, à Champagnole, puis à la Chaux-des-Crotenay, et, de là, gagne, sac au dos, par la vallée d'Ilay, Bonlieu et Clairvaux, non sans s'arrêter en route pour regarder la chute du Hérisson au Saut-Girard. Une diligence le transporte ensuite à Saint-Laurent, par le col de l'Aigle et la Chaux-du-Dombief, puis le chemin de fer le ramène à la Chaux-des-Crotenay et finalement à Paris.

Mais se retrouvant bientôt à Saint-Claude — les voyages alors ne l'effrayaient pas —, il reprend le bâton du touriste, gravit la côte de Lavans, va jusqu'au lac d'Antre, pendant que ses parents cueillent des cyclamens au-dessus du Petit Villard, traverse Moirans, Pont-de-Poitte, puis de nouveau Clairvaux, et, par la Frasnée et Crillat, gagne Bonlieu, la Chaux-du-Dombief et Saint-Laurent, le tout à pied cette fois. Le retour à Paris en chemin de fer a lieu aussitôt après, non sans trois légers arrêts à Champagnole (où une promenade jusqu'au village d'Ardon et au pont de Gratteroche absorbe une matinée), à Arbois et à Salins.

Les voyages en Angleterre avaient incité Paul Fischer à lire les œuvres de Dickens et de Thackeray; il avait pu comparer ainsi ces romanciers à notre grand et amusant conteur, dont, quelques mois auparavant, les *Impressions de voyage en Suisse* et surtout *les Trois mousquetaires* l'avaient intéressé au plus haut point. A la suite des excursions dans le Jura, il voulut prendre également connaissance du *Médecin des pauvres*, de Xavier de Montépin. Dans cette relation imagée de la guerre de partisans dont, sous Louis XIII, la Franche-Comté fut le théâtre, il n'est guère de pages, en effet, où ne se trouvent mentionnées les unes ou les autres des localités dont il a été question précédemment. C'est ainsi qu'en feuilletant l'édition populaire qu'a donnée de cet ouvrage la maison Jules Rouff et Cie, on relève, avec une orthographe quelquefois un peu différente, il est vrai, de la nôtre, des noms comme Longchaumois (page 1), Saint-Claude (7), Clairvaux et Champagnolles (21), Morez (50), Lons-le-Saunier et Moyrans (55), Septmoncel et Cinquétral (113), Bonlieu (208), La Franée (343), sans parler du château de l'Aigle (210), du Hérisson (57) et du Saut-Girard (236).

CLASSE DE SECONDE B

(1905-1906)

Programme : français, latin, récitation, anglais, espagnol, histoire, géographie, mathématiques, physique,, dessin d'imitation, gymnastique.

Professeurs : MM. Comte (français et latin), Arnaudet (anglais), Alphonse Talut (espagnol), Maurice Fallex (histoire et géographie), Vallée (mathématiques), Colléatte (physique), Cochery (dessin d'imitation), Jonnet (gymnastique).

Livres :

Bossuet, Oraisons funèbres (P. Jacquinet, — Belin frères); *La Bruyère, Les Caractères* (G. Servois, rev°ⁿ A. Rébelliau. — Hachette et C¹ᵉ): *Montaigne, Extraits des Essais* (A. Jeanroy, — Hachette et C¹ᵉ); = *Horace, Œuvres* (F. Plessis et P. Lejay, — Hachette et C¹ᵉ); *Pline le Jeune, Lettres choisies* (Ch. Lebaigue, — Belin frères); *Tacite, Vie d'Agricola* (R. Pichon, — A. Colin et C¹ᵉ); = *The royal english dictionary* (Th. T. Maclagan, — H. Didier); *Washington Irving, The sketch book*, extraits (P. Fiévet, — Hachette et C¹ᵉ): *Modern english reader, second and third parts* (Ducruet, Gibb, Routier, Stryenski, — H. Didier); = *Dictionnaire français-espagnol* et *dictionnaire espagnol-français* (D. Vicente Salvá, — Garnier frères); *Nociones de gramática castellana* (D.-A. Talut, Garnier frères); *Moratin, La Comedia nueva* et *El Sí de las niñas* (F. Oroz, — Garnier frères); *R. de Mesonero Romanos, Escenas matritenses* (F. Morère, — Garnier frères); *Quintana, Vidas de los españoles célebres* (Mme Lary, — Garnier frères); *Libro de lecturas españolas* (H. Gavel, — Garnier frères); = *Histoire ancienne, - Orient et Grèce*, cl. de 2ᵈᵉ A, B (Ch. Normand, F. Alcan); *Histoire moderne*, cl. de 2ᵈᵉ A, B, C, D (P. Bondois, Ch. Dufayard, A. Ammann, — F. Alcan); = *Géographie générale*, cl. de 2ᵈᵉ (G. Lespagnol, — Ch. Delagrave); = *Cours de physique élémentaire*, 1ʳᵉ partie, cl. de 2ᵈᵉ (J. Faivre Dupaigre, E. Carimey, — Masson et Cⁱᵉ).

La distribution des prix eut lieu le 28 juillet, sous la présidence de M. Edmond Théry; cet économiste distingué trouva dans les chemins de fer, dans la houille, dans les machines, et dans bien d'autres choses encore, la matière de statistiques variées. Un professeur de quatrième, M. Kesternich, prit pour sujet de son allocution le caractère libéral de la discipline actuelle. Les récompenses obtenues par Paul Fischer furent nombreuses : deux prix (celui d'espagnol et le second d'histoire ancienne) et cinq accessits (le premier d'histoire moderne et de géographie, les deuxièmes d'anglais et de mathématiques, le troisième de composition française et le quatrième de version latine). Dans ces récompenses, l'histoire et la géographie figuraient en bon rang; le grain semé par M. Fallex, ce maître de large et clair savoir, ne s'était point égaré.

A Pâques, Paul Fischer vit ou revit Sens, Avallon, Semur, Dijon, Besançon, Arbois, Poligny, Lons-le-Saunier, Bourg, Nantua et Genève. Ce fut l'avant-dernier voyage d'agrément qu'il fit. Il s'était épris de Paris au point de considérer comme gaspillée toute heure vécue ailleurs, le bois de Boulogne excepté. Ses vacances, ses loisirs, il les emploierait désormais, à part d'intermittentes séances dans les bibliothèques, à parcourir, sans jamais s'en lasser, les boulevards, les rues, les carrefours de sa ville natale, toujours à la recherche d'édifices curieux, passant et repassant devant les vieilles maisons historiques, les anciens hôtels, et se familiarisant avec les styles des divers âges. Il consentit cependant à voir Londres une dernière fois, et même, puisqu'il se trouvait sur le sol britannique, à pousser jusqu'à Edimbourg. Cela eut lieu au commencement de septembre. Depuis cette époque jusqu'à son départ pour le service militaire, il ne prit plus le chemin de fer que pour aller, une ou deux fois l'an, passer quelques heures dans les jardins ou dans les musées de Versailles et des Trianons, ou encore pour rendre visite à des camarades habitant la banlieue.

CLASSE DE PREMIÈRE B

(1906-1907)

Programme : français, latin, récitation, anglais, espagnol, histoire, géographie, mathématiques, dessin d'imitation, gymnastique.

Professeurs : MM. Hamel (français et latin), Flaire, puis Félix Bénassy (anglais), Tournié (espagnol), Agabriel (histoire et géographie), Vallée (mathématiques), Paul Bourgarel (physique), Lefebvre (dessin d'imitation), Jonnet (gymnastique).

Livres :

Histoire de la littérature française (R. Doumic, — P. Delaplane); *Fénelon, Lettre sur les occupations de l'Académie* (M.-L. Grenier, — Belin frères); *Pascal, Pensées*; = *Cicéron, Pro Murena* (F. Antoine, — Garnier frères); *Tacite, Annales* (E. Jacob, — Hachette et Cⁱᵉ); *Extraits des Comiques latins* (Fabia, — A. Colin); *Poems from Coleridge and Byron* (Mlle Latapy, — H. Didier); *George Eliot, Silas Marner* (édition Tauchnitz); *Le Touriste français en Angleterre* (F.-L. Bénassy, J.-E. Arnaudet, — Ch. Delagrave); = *Nuevo dictionario de la lengua castellana* (M. de Toro y Gómez, — A. Colin); *Cervántes, Don Quijote de la Mancha* (Garnier hermanos); *Cervántes, Novelas ejemplares, Extraits* (Dubois, — Garnier frères); *Guillén de Castro, Las Mocedades del Cid* (Lacroix, — Garnier frères); = *Histoire ancienne et Histoire du moyen âge* (P. Guiraud, G. Lacour-Gayet, — F. Alcan); *Histoire mo-*

derne, 1715-1815 (G. Pagès, E. Driault, — F. Alcan); = *Géographie de la France et de ses colonies,* cl. de 1re (F. Schrader et L. Gallouédec, Hachette et Cie); = *Géométrie élémentaire,* cl. de 4e et de 3e A (Ch. Vacquant et A. Macé de Lépinay, — Masson et Cie); = *Éléments de physique,* optique, électricité (J. Basin, — P. Vuibert et Nony).

Les élèves de la classe de première ont été photographiés avec M. Hamel. Paul Fischer se trouve assis au premier rang, à gauche. Il est aussi peu ressemblant que possible; outre qu'il paraît affligé d'une calvitie naissante, le regard est dur, la physionomie, massive, et les lèvres semblent fatiguées par une mastication prolongée. La photographie aurait-elle été prise au sortir du banquet de la Saint-Charlemagne, auquel il assista le 26 janvier? Un malin esprit pourrait le demander. Infiniment mieux rendus sont les traits de M. André Viaux, placé tout à côté.

Insensiblement sept années se sont écoulées depuis l'entrée au lycée Carnot : l'heure du baccalauréat est venue, et le 23 mai a lieu la consignation des droits d'examen afférents à la première partie (latin — langues vivantes). Le candidat, découronnant brusquement l'anglais, indique pour la troisième épreuve écrite l'espagnol, étudié seulement jusque-là comme « seconde langue ». Et le lundi 22 juillet, à 8 heures du matin, les examens commencent à la Sorbonne, salle 3, par la composition française. Trois sujets sont proposés :

1° Lettre de Montaigne à Mademoiselle de Gournay pour lui recommander sa mémoire et le soin de ses livres.

2° Napoléon disait à Gœthe : « Votre tragédie est une histoire, la nôtre est une crise. » Commenter, expliquer.

3° Fénelon écrit dans sa lettre à l'Académie : « Si un homme éclairé s'appliquait à écrire sur les règles de l'histoire, il pourrait joindre les exemples aux préceptes; il pourrait juger des historiens de tous les siècles; il pourrait remarquer qu'un excellent historien est peut-être encore plus rare qu'un grand poète. » Commenter, expliquer.

Paul Fischer choisit le premier sujet. Il le traite fort bien, ainsi qu'il l'apprendra cinq jours plus tard de l'examinateur même chargé de la correction; mais, en quittant la salle, il est persuadé du contraire. L'émotion l'empêche de déjeuner; tournant le dos au restaurant, il va errer dans les allées du Luxembourg. A 1 heure $\frac{1}{2}$ cependant, il revient à la Sorbonne, appelé par la version latine, ayant pris un bock pour tout aliment... et fumé deux cigarettes. Le sujet de cette version est extrait des œuvres de Cicéron; il y est question de la grandeur et de la décadence des Romains (*De Republica*, liv. V, par. I). Au sortir de la salle, Paul Fischer aborde une candidate : certains indices lui donnent à penser que c'est la cousine d'un élève du lycée. Il ne se trompe pas. Toute présentation est superflue : Mlle Lucy Soto a été prévenue par le condisciple, M. Paul Pimienta. La connaissance est donc vite faite, et la conversation s'engage. De quoi parler, si ce n'est du baccalauréat? Les deux candidats se montrent leurs brouillons, et Paul Fischer s'aperçoit que Mlle Soto a pris le même parti que lui relativement à la première épreuve. Il fait bientôt une autre constatation, c'est qu'il est en présence d'une jeune fille que les difficultés du vieux français n'arrêtent point : elle a écrit la lettre à Mlle de Gournay, non seulement dans le style, mais encore avec l'orthographe du temps. On se retrouve le lendemain pour la composition espagnole. Sur quoi roulait-elle? Nous ne nous en souvenons plus exactement; mais un âne et un morceau d'amadou n'étaient pas sans y jouer un rôle.

Le samedi 27 juillet, dès 9 heures du matin, Paul Fischer se trouvait au nombre des personnes qui se pressaient devant les amphithéâtres Descartes, Turgot et Guizot, attendant que les portes en fussent ouvertes pour les épreuves orales. Plusieurs condisciples l'accompagnaient, son père également. Ce stationnement devant les salles où le jury délibère paraît toujours long aux candidats. Seront-ils admissibles? Seront-ils ajournés à la prochaine session? Voilà deux questions qu'ils se posent tour à tour, et que se posent non moins les parents ou les amis venus avec eux. Vers 9 heures ¼ le public put enfin s'engouffrer dans l'amphithéâtre Guizot, et sur-le-champ le président du jury, M. I. Uri, secrétaire de la Faculté, donna lecture de la liste des candidats admis aux épreuves orales. Pour qui n'est pas sur la sellette, c'est toujours chose intéressante d'assister aux interrogations. En se plaçant près de la table des examinateurs, on entend les réponses, comme les critiques qu'elles amènent, et de cette manière on repasse sans fatigue des matières plus ou moins oubliées. On repassait, devons-nous dire. Il y a un mois en effet (mars 1917), avait lieu une session exceptionnelle. Or quelle ne fut pas notre surprise, en pénétrant dans l'amphithéâtre Descartes, d'apercevoir en face de nous une haute et solide barrière, à laquelle pendait un écriteau portant que les candidats admissibles avaient seuls accès aux quatre premières rangées de bancs! Étions-nous le jouet d'une illusion? Nullement. Un spectacle identique nous attendait à l'amphithéâtre Quinet. Mais hier encore, et à plus forte raison en 1907, il en était différemment, et l'on pouvait à volonté s'approcher des examinateurs, et entendre tout ce qu'ils disaient. Encore fallait-il cependant qu'il n'y eût pas dans la salle, comme cela arrivait parfois, un brouhaha continu, empêchant de distinguer le moindre mot. Tel, il est vrai, n'était point le cas lorsque M. Uri présidait. Cet auteur sûr et sagace, ce latiniste de réputation méritée n'avait pas seulement la fermeté, en ce temps d'attaques contre les études classiques, de rester attaché à une langue qui, avec celle d'Euripide et de Démosthène, a si merveilleusement fécondé le génie français; il avait aussi le front, qui le croirait? de ne pas tolérer que, par un babillage incessant, les mères, les sœurs, les petites cousines des candidats fissent de l'amphithéâtre un prolongement du salon d'essayage. Il ne laissait donc pas s'assoupir sa vigilance. Entre un dactyle et un spondée, au moment où la légère escorte s'y attendait le moins, un regard courroucé se détachait du livre, s'abattait sur elle, la désemparait dans ses minauderies les plus captieuses. Devant lui d'ailleurs la lourde redingote ne trouvait pas plus grâce que la mousseline ou la soie : nous entendîmes admonester deux professeurs de lycée, qui, peu sensibles au charme des *Bucoliques*, échangeaient dans la salle d'intempestifs et bruyants propos. Grâce à cette attitude énergique, nous pûmes réellement assister aux épreuves orales. M. Uri nous comprendra-t-il? Nous lui en avons toujours su gré.

Pour Paul Fischer, ces épreuves se succédèrent ainsi (entre parenthèses, les noms des examinateurs) :

Français (M. Albert, professeur au lycée Condorcet), — explication d'un passage de La Bruyère, parallèle entre Corneille et Racine;

Histoire ancienne (M. Albert), — l'armée romaine;

Espagnol (M. Roques, professeur au lycée Condorcet), — conversation sur le chocolat, traduction d'une fable de F. M. de Samaniego;

Mathématiques (M. Dubard, de la Faculté des sciences), — calcul du sinus d'un angle;

Physique (M. Dubard), — galvanomètres;

Anglais (M. Dessagnes, professeur au lycée Louis-le-Grand), — résumé du *Prisonnier de Chillon*, quelques mots de Byron;

Latin (M. Uri), — explication du commencement de la 4ᵉ églogue de Virgile, Pollion;

Histoire moderne (M. Uri), — le Consulat;

Géographie (M. Uri), — colonies françaises d'Afrique.

Pendant ce temps, Mlle Soto répondait, elle aussi, aux interrogations; de son examen, nous n'avons retenu que ce qui eut trait aux mathématiques, mais nous la voyons très distinctement encore résolvant au tableau, et avec beaucoup d'aisance, une équation algébrique. Elle passa d'ailleurs haut la main.

Il en fut pareillement de Paul Fischer, qui réalisa ainsi le pronostic par lequel le proviseur du lycée avait résumé le livret scolaire : « Un des meilleurs élèves de la classe. Succès probable et désirable. »

Plusieurs condisciples de première B, MM. Geissé, Lisle, de Manoël-Saumane, Pinalie, Rosenberg et Viaux — peut-être en passons-nous — furent reçus à cette session.

A la distribution des prix, M. Henri Busson, professeur d'histoire, et le président lui-même, M. Alapetite, préfet honoraire, cherchèrent à développer chez leurs jeunes auditeurs le goût des voyages. Le premier leur recommanda l'Algérie, le second, l'Alsace. Pour le touriste désenchanté qu'était Paul Fischer, ces recommandations venaient un peu tard. Il occupa sur le palmarès une place des plus honorables. Il obtint en effet quatre prix (le premier d'histoire ancienne, et les seconds de composition latine, d'histoire moderne et de géographie), trois accessits (celui d'espagnol, le premier de version latine et le deuxième de composition française), puis une mention en récitation.

CLASSE DE PHILOSOPHIE B

(1907-1908)

Programme : philosophie, latin, histoire, géographie, mathématiques, physique, chimie, *sciences naturelles*, dessin d'imitation, gymnastique.

Bien que la classe de latin fût essentiellement facultative, Paul Fischer tint à y assister; par contre, il se vit dispensé, sur sa demande, du cours de mathématiques, et, sur ses instances, des exercices de gymnastique, qui depuis long-temps lui étaient odieux : tout jeune, il avait glissé du trapèze, et, pendant plusieurs mois, s'en était ressenti à une jambe.

Professeurs : MM. F. Colonna d'Istria (philosophie), Comte (latin), Busson (histoire et géographie), Fernand Meyer (physique et chimie), Mercier (sciences naturelles), Lefebvre (dessin).

Paul Fischer apprécia à sa valeur, à une valeur très haute, l'enseignement de M. Colonna d'Istria, ce psychologue délicat, chez qui la profondeur des recherches rivalise avec l'élévation de la pensée et la justesse de l'expression; il tint à conserver les notes prises à son cours, et un trimestre ne s'était pas écoulé, depuis la sortie du lycée, qu'il songeait déjà à les relire.

Livres :

Vocabulaire philosophique (E. Goblot, — A. Colin); *Aristote, Politique* (Tradªª Thurot, revªª Bastien, — Garnier frères); *Épictète, Manuel* (Tradªª F. Thurot, revªª Ch. Thurot, — Hachette et Cª); *Emerson, English Traits*, — Hachette et Cª); = *Histoire contemporaine*, cl. de philos. et de mathém. A et B (E. Driault et G. Monod, — F. Alcan); = *Les principales puissances du monde moins la France* (M. Fallex, A. Mairey, — Ch. Delagrave); = *Éléments de physique*, compléments (J. Basin, — P. Vuibert et Nony), = *Précis de chimie*, cl. de philos. A et B (P. Lugol, — Belin frères); = *Histoire naturelle* (E. Caustier, — P. Vuibert et Nony).

Le dernier ouvrage trouva son complément dans une trousse destinée aux travaux pratiques; elle était composée d'un scalpel, d'un poinçon, d'une pince et d'une paire de ciseaux. Quelques grenouilles et un ou deux cobayes servirent à l'instruction de la classe.

Puis, en dehors des livres indiqués pour la philosophie même, Paul Fischer puisa d'utiles lectures dans deux de ses prix de la classe de première : l'*Introduction à la médecine expérimentale*, de Claude Bernard, et le *Descartes*, de M. Liard. Si l'un et l'autre ouvrage contribuèrent également à affermir la rectitude de son jugement, le second eut sur le premier pourtant cet avantage qu'il lui apprit à connaître le vice-recteur de l'académie. Simplement ébauchée dans les pages d'un traité philosophique, cette connaissance se précisa par la suite; au lycéen devenu étudiant d'histoire, il fut donné notamment, — en quelle occasion ? nous ne nous en souvenons plus au juste, — d'entendre, à la Sorbonne même, la parole alerte et féconde de celui qui, d'une manière si heureuse, préside aux destinées de l'Université de Paris.

Le 18 juin, Paul Fischer se fit inscrire pour la seconde partie (philosophie) de l'examen du baccalauréat. Les épreuves écrites commencèrent à la Sorbonne, salle Z, une semaine plus tard, le jeudi 25, à 8 heures du matin, par la dissertation. Les candidats avaient le choix entre ces sujets :

1° Commenter et discuter cette définition de Wundt : l'esprit est une chose qui raisonne.

2° Qu'appelle-t-on formes inférieures de l'imagination, et quelles en sont les lois ?

3° Comment la philosophie explique-t-elle le sentiment que nous avons de l'identité de notre moi ?

Paul Fischer opta pour la première question.

Dans l'après-midi, de 2 à 4 heures, eut lieu la composition portant sur la physique et sur les sciences naturelles.

Sujets proposés pour la première matière :

1° Montrer comment le microphone permet la transmission d'un son, et le téléphone, la réception.

2° Bobine de Ruhmkorff considérée comme transformateur.

3° Production du spectre d'une source lumineuse; étude de la portion lumineuse du spectre.

Sujets proposés pour les sciences naturelles :

1° Nitrification dans le sol.

2° Structure de l'ovule d'une angiosperme au moment de la fécondation.

3° Tissu conducteur des plantes vasculaires.

C'est pour la deuxième question de l'une et de l'autre catégorie que le candidat se décida.

Le surlendemain, dans la matinée, il subit les épreuves orales, comme l'année précédente, à l'amphithéâtre Guizot; elles eurent lieu dans l'ordre suivant (entre parenthèses, les noms des examinateurs, de trois du moins) :

Philosophie (M. Bouglé, de la Faculté des lettres, président du jury), — philosophie des sciences, principe de finalité dans la biologie, livre I de la *Politique* d'Aristote;

Histoire et géographie (M. Valès, professeur au lycée Voltaire), — expédition de Tunisie de 1881, Congo belge.

Sciences naturelles (M. Pruvot, de la Faculté des sciences), — le foie;

Sciences physiques, — machine du général Morin, application sur $e = \frac{1}{2} g t^2$, le chlore.

Paul Fischer, dont le livret scolaire continuait d'être aussi satisfaisant que possible (M. Colonna d'Istria notamment y avait porté cette mention : « Très bon élève, soit pour l'intelligence, soit pour le travail, soit pour les résultats »), réussit aisément à l'examen. Parmi les bacheliers de la session, branche philosophie, figurèrent également MM. Blum, Bourdin, Kœrner, Lisle, Pinalie et Viaux.

Quant à Mlle Soto, son succès fut encore plus franc que celui de l'année précédente.

L'heure du choix d'une carrière était venue. Que faire de mieux, pendant le long mois qui allait s'écouler entre le baccalauréat et la distribution des prix, que de songer au parti à prendre ? Certains professeurs y conviaient, d'ailleurs, leurs élèves. En ce qui le concernait, Paul Fischer ne s'était encore arrêté à rien de précis. Souvent cependant ses parents lui avaient signalé les beautés de la carrière universitaire, mais sans y mettre une insistance de nature à gêner une décision qu'ils voulaient libre. Sentant même l'amour que lui inspirait sa ville natale, amour dont la mesure avait été donnée par la résolution de ne plus voyager, ils avaient fait violence à leurs désirs en laissant entendre qu'il agirait sagement, peut-être, s'il optait pour une position ne l'astreignant pas à vivre en province : un ministère, ou une grande administration ayant son siège à Paris, présenterait cet avantage. Le nouveau bachelier serait sans doute entré dans ces vues si, à cet attachement pour la reine des cités, ne s'était joint un goût prononcé pour le travail personnel et indépendant. La bureaucratie, avec une besogne toute tracée d'avance, ne lui souriait nullement. Le professorat, où l'esprit, au contraire, réussit à se donner à peu près libre carrière — à peu près ! —, lui parut être alors la seule voie où, décidément, il cheminerait sans étouffer. Il se résolut donc à poursuivre les études d'histoire et de géographie, pour lesquelles il se sentait une aptitude particulière, à conquérir la licence ès lettres spéciale à ces études, et le diplôme qui se délivre entre celle-ci et l'agrégation, puis à concourir aussitôt après pour cette dernière.

Lorsqu'il connut cette détermination, le proviseur, craignant sans doute que les parents de son élève ne fussent pas en mesure de s'imposer les sacrifices qu'elle entraînait, lui offrit de le faire admettre dans la classe de rhétorique supérieure du lycée Condorcet, où il disposait en quelque sorte d'une bourse. Paul Fischer fut très sensible à cette proposition. Il crut devoir cependant la décliner, et pour deux raisons : tout d'abord, sa famille était en état de subvenir, comme cela avait eu lieu jusqu'alors, aux dépenses inhérentes à son instruction, et il ne pouvait ainsi prendre la place d'un condisciple à cet égard autrement intéressant; puis il n'avait pas l'intention de passer par l'École normale supérieure, dont la classe en question est à proprement parler l'antichambre. M. Fretillier se rendit à la première raison, mais la seconde le déconcerta absolument. Cet honorable fonctionnaire était de son temps — dans un an il prendrait sa retraire —, et il ne pouvait se faire à l'idée qu'en matière d'examens ou de concours, on eût la hardiesse de se priver d'une discipline, d'une direction, lorsqu'on avait la faculté d'agir différemment; mais Paul Fischer, qui était du sien, voulait, avant tout, aller vite en besogne. Le proviseur n'insista pas.

Les prix furent distribués le 30 juillet. M. Roger, professeur de quatrième, recommanda aux élèves d'être de leur temps; pour l'un d'eux déjà, on vient de le voir, c'était chose faite, à son sens du moins. Puis M. Gallouédec, inspecteur d'académie, qui présidait, signala toutes les ressources offertes par le lycée Carnot concernant l'enseignement et l'éducation. Paul Fischer eut le second prix d'histoire et trois accessits : le premier de géographie, le cinquième de philosophie, et le huitième de sciences naturelles. Il fut le seul élève de sa classe à monter sur l'estrade; ses camarades n'avaient pas attendu la cérémonie pour se rendre au bord de la mer, à la montagne ou aux champs. Pendant la première partie de la proclamation des récompenses, il s'entretint fréquemment avec M. Cahen, à côté de qui il s'était assis; et le reste du temps, il le passa à feuilleter l'ouvrage qu'il avait reçu comme prix, *le Vieux Paris universitaire*, d'Albert Callet.

L'ÉTUDIANT

(1908-1913)

LICENCE

(1908-1909)

Le lendemain même de la distribution des prix, Paul
Fischer s'enquit des connaissances exigées pour la licence
qu'il avait en vue; il ne crut pouvoir mieux faire que
d'acheter le programme publié par la librairie Delalain. Il
y lut que les épreuves comprenaient : à l'écrit, une dissertation française, une seconde en latin ou un thème en cette
langue, puis deux compositions d'histoire ou de géographie, dont une remplacée éventuellement par un travail,
du choix du candidat, sur un sujet particulier; à l'oral,
l'explication de trois textes classiques (grec, latin, français)
et des interrogations ayant trait à l'histoire, à la géographie
et au travail en question, s'il en avait été présenté un,
sinon à un autre enseignement professé à l'université
compétente.

La diversité des matières ne l'effraya nullement. Il cons-
tata seulement qu'il n'avait point de temps à perdre. Ne
devait-il pas d'abord reprendre l'étude du grec, abandonnée
au seuil de la classe de troisième? Puis ne ferait-il pas
montre de prudence en approfondissant, en vue de la

dissertation, tout ce qui touchait à notre littérature? Il se mit à l'œuvre aussitôt. Le grec prit une partie des matinées; quant aux après-midi, elles furent consacrées au dépouillement du *Cours de littérature* de Félix Hémon. Paul Fischer faisait ce dépouillement à la Bibliothèque nationale, dans la salle publique de lecture dont l'entrée se trouve près de la rue Colbert, car, frais émoulu du lycée, il ne pouvait prétendre encore à la délivrance d'une carte donnant accès à la salle de travail réservée du rez-de-chaussée. Les après-midi cependant ne se passaient point tout entières dans l'établissement. Après trois heures de lecture, ponctuées par de substantiels résumés, les cahiers étaient fermés, et la promenade sur les grands boulevards commençait. Un travail de ce genre, complété à maints égards, il est vrai, eût fini par conduire, non plus à la licence d'histoire, mais à la licence de lettres (langues et littérature classiques aujourd'hui). Un incident vint fort heureusement remettre les choses au point. Vers le milieu d'août, le père de l'étudiant fut intrigué par un article de journal commentant les résultats des derniers examens de la licence; rien de ce dont il y était question pour les épreuves d'histoire ne se rapportait positivement au programme acheté chez Delalain. Comme cet article se référait à un décret du 10 juillet 1907, il n'y avait, pour obtenir l'explication d'une telle étrangeté, qu'à consulter le numéro du *Journal officiel* portant cette date. Paul Fischer alors de constater, et non sans stupeur, que ce programme n'était plus en vigueur que pour les candidats en cours d'études au moment de la promulgation du décret. Des épreuves toutes différentes avaient été édictées à l'égard des étudiants nouveaux : à l'écrit, une version latine, une composition d'histoire ou de géographie physique, une autre se rapportant à l'un des enseignements professés à l'université comprenant la faculté chargée de l'examen, puis une épreuve pratique; à l'oral, quatre interrogations sur l'histoire, une cinquième sur la géographie, une sixième sur l'un encore des enseignements en question, une septième sur un ouvrage agréé par cette faculté, et finalement l'analyse d'un texte anglais ou d'un texte allemand.

De dissertation française et de grec, pas un mot!

Paul Fischer modifia immédiatement son plan de travail. Les interrogations d'histoire et de géographie devant être basées sur les programmes des classes de l'enseignement secondaire, les cahiers du lycée reçurent peu à peu, dans les marges et dans les interlignes, de copieuses additions. A cet effet, il consulta volume sur volume, non seulement à la maison, mais encore à la Bibliothèque nationale. De nouveaux cahiers durent même être ouverts. Simultanément avait lieu, en vue de la version, la traduction de passages de Tacite, de ceux, nous nous en souvenons, qui se rapportent à la vie de Tibère. Coupée par d'intéressantes lectures, par d'intermittentes apparitions dans les salles du Palais de Justice où se plaidaient des causes intéressantes, par de nombreuses promenades au cœur du vieux Paris, par d'autres non moins fréquentes au bois de Boulogne, puis encore par des stations prolongées, le dimanche et le jeudi, à la bourse aux timbres-poste, toute cette besogne s'accomplissait sans fatigue. Le 30 octobre enfin, il put acheter rue de la Sorbonne, chez Croville-Morant, la liste des cours qui allaient s'ouvrir.

Grande perplexité devant les pages où s'en lisait la longue nomenclature!

Les leçons étaient si nombreuses, que même en élaguant celles qui constituaient un double emploi, quelqu'un qui eût tenu à les suivre toutes n'aurait plus disposé du temps nécessaire pour repasser ses notes. Un choix s'imposait donc. Après mûre réflexion, Paul Fischer, que l'époque du moyen âge attirait, résolut d'assister à huit cours seulement, dont six donnés à la Faculté des lettres, et deux, à l'École des Chartes : il demanderait son inscription à cette école, comme auditeur libre.

Nous allons indiquer les jours et les heures de ces cours, et, en ce qui concerne la Sorbonne, les salles où ils eurent lieu; nous procéderons d'une manière identique les années suivantes, et, à partir de 1911, nous étendrons même ce genre de renseignements aux exercices d'agrégation, dont fréquemment, en outre, nous relaterons les dates. Ces indications pourtant — nous le disons ici une fois pour toutes — ne devront pas être tenues pour rigoureusement exactes. La Faculté, en effet, ne demeure pas, de novembre à juin, sans toucher, par-ci par-là, à l'organisation primitive du travail : pour des raisons d'ordre intérieur, ou parfois personnelles au professeur, tantôt un cours qui devait avoir lieu tel jour, à telle heure, est avancé ou reculé, soit momentanément, soit définitivement, tantôt une salle se trouve substituée à une autre ; or, de ces modifications, il ne reste, quand l'année scolaire a fait place à une nouvelle, aucune trace au Secrétariat.

Nous avons cherché cependant à serrer la vérité de près, et, dans ce dessein, nous avons rapproché les indications laissées par Paul Fischer, ou du moins nombre d'entre elles, de celles qu'ont bien voulu nous donner quelques-uns de ses maîtres, particulièrement MM. Alphonse Aulard, Albert Demangeon, Charles Diehl, Glotz, Charles Guignebert, Holleaux, Charles-Victor Langlois, Ferdinand Lot, de Martonne et Christian Pfister. Si nous citons ces professeurs, c'est afin de les remercier du concours qu'ils nous ont ainsi prêté, et non point — le lecteur pourrait s'y méprendre — pour placer sous l'autorité de leurs noms tel ou tel passage du livre. Assez souvent, en effet, le contrôle que nous attendions d'eux est resté au-dessous de leur obligeance et de leurs efforts. Si certains possédaient encore leurs notes relatives à ces cours ou à ces conférences, d'autres ne les avaient gardées qu'en partie, et deux même les avaient détruites.

Mais avant d'indiquer les locaux où se firent les leçons de 1908-1909 et celles qui suivirent, nous dirons un mot de leur emplacement. On doit se préparer, en effet, à les voir, les uns après les autres, sinon disparaître, du moins changer d'affectation, et subir ainsi des transformations profondes. Déjà la géographie va émigrer rue Saint-Jacques, dans l'immeuble récemment construit à côté de l'Institut océanographique. Qui peut affirmer que demain l'histoire également n'ira point dresser sa tente ailleurs? Si dans quelques années dès lors, il prend fantaisie aux jeunes gens qui nous lisent, de revoir les salles où ils ont tant travaillé, ils y trouveront probablement tout changé, à commencer par les inscriptions qui en surmontent les portes. Qu'au moins donc il leur en reste la topographie. Il ne faut, au surplus, pas plus d'une minute pour la faire, car, sauf les amphithéâtres Descartes et Turgot, qui eux seront épargnés, espérons-le, et la salle 6, à laquelle on accède par la galerie Rollin, les locaux qui nous intéressent sont tous dans la partie du bâtiment desservie par l'escalier C, partant du vestibule du Secrétariat. A gauche de cet escalier se trouvent ainsi : au premier étage, les salles B, C, D; et au deuxième, celle de géographie coloniale, puis les deux de géographie générale (afin de distinguer celles-ci, quand nous aurons à en parler nous appellerons l'une, la plus proche de l'entrée, salle des cartes, si on le veut bien, et l'autre, située à l'extrémité du corridor, salle de géographie simplement). A droite enfin de l'escalier, sont : au premier étage, les salles E, F, G; au deuxième, celle de l'histoire de l'art; et, au-dessus, la grande pièce désignée par la lettre I.

Pour l'année scolaire 1908-1909 donc, Paul Fischer s'arrêta aux cours suivants de la Faculté des lettres :

Jeudi,   9 h.,   salle C, M. Courbaud, Explication de textes latins et correction de versions.

Jeudi,   5 h.,   salle C, M. Pfister, Les Carolingiens.

Vendredi, 8 h. ½, salle I, M. Langlois, Introduction aux études historiques (leçons remplacées, une
semaine sur deux, par des exercices
pratiques concernant le moyen âge
et ayant lieu dans le cabinet même
du professeur).
Samedi, 8 h. ½, salle I, M. Langlois, Bibliographie (dépôts et répertoires d'archives, de manuscrits
et d'imprimés).
Samedi, 9 h. ½, salle I, M. Langlois, Paléographie latine et paléographie française.
Samedi, 5 h., salle C, M. Pfister, Les institutions françaises sous
les Capétiens directs.

Quant aux cours de l'École des Chartes, ce furent les
deux de paléographie qui étaient professés par M. Élie
Berger le mardi, à 9 h. ½, et le jeudi, à 1 h. ½.

Et les autres matières du programme? car celles qui
viennent d'être énoncées ne représentaient qu'une bien
faible part de la tâche. Paul Fischer s'en réserva l'étude
directe : la bibliothèque de l'Université de Paris lui four-
nirait, à cet égard, de multiples ressources.

Le 3 novembre 1908, il prit la première inscription
trimestrielle en vue de la licence, et reçut, en effet, une
carte donnant accès, non seulement aux cours fermés au
public, mais encore à cette bibliothèque.

Peu après commencèrent les leçons.

Deux des professeurs, MM. Langlois et Pfister, ne tardèrent pas à s'intéresser à leur nouvel élève.

Le premier le fit participer d'une manière suivie aux
travaux pratiques ayant lieu le vendredi, de deux en deux
semaines. Ils avaient trait au xiiie siècle. Il s'agissait de

dépouiller, afin d'en extraire tout ce qui pouvait mettre en relief les mœurs de l'époque dans le royaume de France, les registres des papes publiés par les membres de l'École française de Rome. Les étudiants partageaient entre eux la tâche assignée. Chacun procédait à loisir au tri qui le concernait, et du résultat dressait un résumé, pour servir, lors de la première réunion, à un exposé général du travail, exposé dont ils étaient chargés à tour de rôle. A ce moment intervenaient les critiques du professeur et la mise au point.

Le samedi, on l'a vu, était le jour affecté à la paléographie. M. Langlois apportait un soin tout particulier à cet enseignement. Pendant la leçon, des fac-simile photographiques étaient, comme aux Chartes d'ailleurs, remis à chaque étudiant, avec cette différence pourtant qu'à cette école, ils étaient retirés à la fin de la séance, tandis qu'à la Sorbonne, cela n'avait lieu qu'au prochain cours; l'examen pouvait, dès lors, en être poursuivi à loisir à la maison. Au début, Paul Fischer crut ingénieux de prendre des décalques, afin de prolonger plus encore cet examen; mais il ne persista pas longtemps dans une telle pratique. Assez vite, en effet, il s'aperçut que, quoi qu'on fasse, la main n'obéit pas automatiquement à l'œil, qu'elle cède machinalement à des habitudes contractées, et qu'en fin de compte le duplicata obtenu est plutôt une dissimulation malheureuse de l'écriture de l'élève qu'une reproduction, même très imparfaite, de l'original.

M. Pfister s'efforça de développer chez ses jeunes auditeurs le goût des recherches personnelles; ne mesurant point son temps, uniquement préoccupé d'être utile, de rendre service, ce maître foncièrement dévoué convia les plus laborieux à des travaux particuliers en dehors des cours, s'offrant fort libéralement à examiner, à retoucher les essais qui lui seraient remis. Il reçut ainsi de Paul Fischer une dissertation sur ce sujet : « Dans quelle mesure les institutions romaines ont-elles subsisté dans la Gaule barbare? », dissertation qu'il rendit remarquablement annotée.

M. Courbaud expliqua des passages de Tite-Live. Il ne s'en tint pas à une traduction plus ou moins commentée : ces passages, il les rapprocha, chaque fois qu'il en eut l'occasion, des récits des écrivains qui avaient traité les mêmes questions ou les avaient effleurées.

Si les heures consacrées à ces leçons furent en somme peu nombreuses, il n'en fut pas ainsi du temps pris par les lectures se rapportant aux autres matières du programme, et surtout par les notes et les résumés qui s'ensuivirent. Les interrogations pour la licence devaient porter, en effet, sur l'histoire universelle, et sur la géographie tout entière. Que de séances, en vue de cet examen, à la bibliothèque de l'Université! Ces séances se prolongeaient en quelque sorte à la maison, où maints et maints volumes, prêtés pour un temps déterminé, étaient apportés puis parcourus à la hâte. Certains livres avaient-ils été déjà communiqués, Paul Fischer se rendait à la Bibliothèque Albert Dumont (section historique), où généralement il les trouvait. Au fond, il n'avait guère qualité pour travailler à cette dernière bibliothèque, dont l'accès, en principe du moins, est l'apanage des candidats à l'agrégation; mais il devait à la bienveillance de M. Langlois de pouvoir y pénétrer quand même.

Vers le milieu de mai, il remit au Secrétariat de la Faculté la demande réglementaire pour subir, à la session de juin, les épreuves de la licence. Au début de mars, il avait déjà spécifié qu'il choisissait la bibliographie comme enseignement appelé à faire l'objet de la troisième composition et de la sixième des interrogations, la dernière de celles-ci devant porter sur un ouvrage de M. Henri Sée, agréé par M. Pfister, *les Classes rurales et le régime domanial en France au moyen âge*. Et le 28 juin commencèrent les épreuves écrites.

Elles eurent lieu dans l'ordre suivant :

Lundi 28, de 8 h. à 11 h., version latine : ruse employée par Hasdrubal pour sortir d'un défilé (Tite-Live);

Mardi 29, de 8 h. à midi, composition d'histoire : les relations de Charlemagne avec l'Église et la papauté;

Jeudi 1er juillet, de 8 h. à midi également, travail concernant la bibliographie : les catalogues communs à plusieurs bibliothèques;

Vendredi 2, de 2 h. à 5 h., épreuve pratique : étude d'une lettre de l'archevêque de Strigonie (Hongrie) trouvée par M. Langlois parmi les résidus des Archives nationales et reproduite par la photographie (analyser la pièce, réduire la date au comput moderne, indiquer s'il s'agit d'un original ou d'une copie, etc.).

Les correcteurs, si notre mémoire ne nous trahit pas,
furent MM. Courbaud (version latine), Pfister (composition d'histoire), Langlois (bibliographie) et Diehl (épreuve
pratique) : nous n'avons pas cru devoir, pour un détail de
si peu d'importance, comme d'ailleurs pour deux ou trois
autres faits semblables, se rapportant aux épreuves du
baccalauréat et du diplôme d'études supérieures, demander
qu'on exhumât les archives du Secrétariat, M. Uri — sa
vigilance ne se déploie pas que dans une salle d'examens
— ayant fait déplacer certaines d'entre elles, pour les
mettre en lieu sûr, lors des premières incursions des
zeppelins.

Le jeudi 8 juillet, vers 5 heures, la liste des admissibles
était affichée dans l'un des six cadres de la galerie des lettres
au-dessus desquels ont été peints le Forum romain et l'île
de Philæ.

Quant aux épreuves orales, elles commencèrent quatre
jours plus tard. Voici, en ce qui concerne Paul Fischer, car
il se trouvait sur la liste, les matières auxquelles elles
eurent trait, ainsi que les examinateurs successifs :

Lundi 12 juillet, matinée, l'ouvrage de M. Henri Sée
(M. Pfister); — après-midi, les causes de la guerre de
Trente ans (M. Émile Bourgeois), celles de la révolution
de 1830 (M. Bourgeois également), les répertoires d'ar-
d'archives départementales, les fonds des titres et des
chartes, etc. (M. Langlois);

Mardi 13, matinée, l'Université de Paris, les Albigeois
(M. Pfister); — après-midi, les conséquences de la restau-

ration des Stuarts, d'après Macaulay, une demi-page à traduire et deux à analyser (M. A. Bouché-Leclercq), Marius (M. Glotz), et les Pays-Bas (M. Paul Vidal de la Blache).

Ces examens oraux ne manquèrent pas d'animation. Les uns se passaient dans la salle I, où siégeait un jury composé de MM. Bouché-Leclercq, président, Vidal de la Blache et Glotz; les autres, un peu partout ailleurs, le plus souvent dans le cabinet du professeur que la matière concernait. Il en résultait des allées et venues sans fin, non seulement de corridor à corridor, mais d'étage à étage : à la somme des connaissances acquises, les candidats devaient joindre l'agilité de l'écureuil. Ils se répandaient, au coup de midi, dans les restaurants du voisinage. Il y en avait un, fort modeste, qui était devenu, en quelque manière, leur quartier général; c'était celui de *l'Étoile bleue*, rue des Écoles, à l'intersection de la rue Dante et de la rue Saint-Jacques. Les déjeuners y étaient servis au milieu des doléances et des pronostics les plus variés.

La fête du 14 juillet se passa dans une attente qui sembla longue.

Le lendemain parut enfin la liste des étudiants définitivement reçus; Paul Fischer était du nombre. Parmi les nouveaux licenciés se trouvaient plusieurs jeunes gens qui se proposaient de pousser leurs études d'histoire jusqu'à l'agrégation, entre autres MM. Maurice Beucler, Henri Chouet, Henri Conte, André Ganem, Roger Glotz, Pascal Guébin, Lacoste, Petit et Raymond Pousse.

DIPLÔME D'ÉTUDES SUPÉRIEURES

(1909-1910)

Si la licence demande un travail soutenu, si l'agrégation
en exige un plus considérable encore, on ne peut dire qu'il
en soit de même, ordinairement du moins, du diplôme
d'études supérieures d'histoire et de géographie. La préparation de l'examen à l'issue duquel ce diplôme est délivré,
examen où la présentation d'un mémoire joue le principal
rôle, est loin de prendre un temps aussi important. Paul
Fischer aurait donc pu, pour trois mois largement, fermer
livres et cahiers, et jouir tranquillement de ses vacances. Il
n'en fit rien. Les épreuves de la licence étaient à peine
terminées qu'il s'occupait du mémoire qu'il devait élaborer.
Le sujet lui en avait été indiqué par M. Langlois. C'était
une étude sur les aliénations et les révocations d'aliénations du domaine royal au temps des derniers Capétiens
directs (1285-1328). Il prit le chemin de la Bibliothèque
nationale, dont la salle de travail du rez-de-chaussée lui fut
enfin ouverte, en même temps que le dépôt des manuscrits.

Il passa dans cet établissement un nombre d'heures fort
élevé. Ce ne fut rien pourtant en comparaison de la quan-

tité et de la longueur de ses séances aux Archives nationales. Rue des Francs-Bourgeois en effet, des après-midi entières se trouvèrent, semaine après semaine, absorbées par la lecture et par la transcription des parchemins.

Ces documents se déroulaient plus ou moins aisément : pour empêcher qu'à peine ouverts ils ne se repliassent sur eux-mêmes, il fallait les recouvrir de pesants objets; les tenir en place était autrement difficile parfois qu'on ne se l'imaginerait, car il leur arrivait assez fréquemment d'atteindre, développés, plusieurs mètres de longueur. La craie avec laquelle ils avaient été frottés, afin que l'encre triomphât des parties graisseuses, s'était, au cours des années, réduite en une poudre impalpable qui ne laissait pas d'agacer l'épiderme. L'écriture enfin ne se distinguait plus toujours, même avec le secours de la loupe, et, par moments, la restitution d'un nom de lieu ou de personne en éprouvait un retard sensible, quand elle n'en devenait pas incertaine.

L'étudiant se consolait de ces petites misères en se retrouvant, le soir venu, sur la place de l'Opéra et ses chers boulevards. Pour arriver là, c'est vrai, que de voies maussades à arpenter! Les rues, essentiellement commerçantes, de Rambuteau et Coquillière, comme les alentours des Halles, contrastaient singulièrement, par les camions grossiers qui y circulaient, et par les mornes boutiques qui en longeaient les trottoirs étroits, avec le luxe et l'agitation mondaine de la place du Théâtre Français et de l'avenue de l'Opéra. Or, en revenant du quartier latin par le pont des

Arts, il avait, en compagnie de M. Viaux, qui faisait son droit, suivi tant de fois cette avenue qu'elle lui manquait réellement au sortir des Archives. La réouverture de la Sorbonne, en novembre, lui permit enfin de varier ses itinéraires.

Ce n'est pas que sa présence y fût aussi nécessaire qu'elle l'était précédemment. Il ne se trouvait plus lié par un programme d'études, et, de ce fait, ses séances elles-mêmes à la bibliothèque de l'Université allaient devenir moins fréquentes. Mais, bien que la composition et la soutenance du mémoire méritassent son attention principale, il aurait encore à discuter deux questions, l'une d'histoire, l'autre de géographie, n'ayant pas de relation avec ce travail, et indiquées trois mois d'avance par la Faculté; puis à faire l'explication critique d'un texte agréé par elle; et finalement à satisfaire à une épreuve tirée soit des sciences auxiliaires de l'histoire, soit de la géographie générale.

Comme il se promettait, pour cette épreuve, de choisir la bibliographie d'archives, et, pour l'explication, de proposer un document du moyen âge ; que, de plus, le mémoire lui-même se rapportait à cette période de l'histoire, il résolut de suivre, outre les deux cours de l'Ecole des Chartes mentionnés au chapitre précédent, ces trois de la Faculté des lettres :

Lundi, 10 h. ½, salle I, M. Camille Bloch, Dépôts d'archives et manuscrits.

Vendredi, 4 h. ½, École normale, M. Pfister, Explication de quelques capitulaires de Charlemagne.

Samedi.   8 h. $\frac{1}{2}$, salle I. M. Langlois. Exercices pratiques ayant trait au moyen âge (toutes les deux semaines).

Il prendrait part également, dans la section d'histoire et de philologie de l'École pratique des Hautes Études, à des travaux dirigés par M. Roy et portant sur la même époque.

Il entendrait encore une série de leçons sur l'histoire et l'organisation de l'enseignement secondaire. L'audition en est obligatoire en effet pour quiconque, n'étant pas professeur de collège ou chargé de cours de lycée, veut, à un moment donné, concourir pour l'agrégation. La signature de la feuille de présence placée à l'entrée de la salle est donc loin de jouer ici, comme pour tant d'autres leçons, un rôle presque théorique. M. Durkheim, professeur de philosophie, serait chargé de cet enseignement, et il s'en acquitterait le samedi, à 5 heures, à l'École normale supérieure, où déjà M. Pfister, on vient de le voir, expliquait les capitulaires de Charlemagne : les salles de cours et de conférences de cet établissement sont ouvertes aux étudiants ordinaires de la Faculté des lettres, au même titre que celles de la Sorbonne, aux élèves de la rue d'Ulm.

Paul Fischer assista enfin, mais par intervalles, à des leçons de jeunes gens appelés à prendre part au prochain concours de l'agrégation. Il y fut convié, tantôt par eux, tantôt par le professeur même chargé de la critique. Il entendit ainsi à la conférence de M. Pfister, qui avait lieu le lundi, à 1 h. $\frac{1}{2}$, à l'École normale encore, MM. René

Baticle, Robert Cohen, René Massigli, Jean Morize et Jules Pascal. Voici quelles furent ces leçons :

8 novembre 1909, M. Massigli, La Flandre au XIVe siècle.
8 novembre 1909, M. Pascal, La France et l'Angleterre au début de la guerre de Cent ans, forces en présence (1328-1336).
22 novembre 1909, M. Cohen, Duguesclin.
13 décembre 1909, M. Baticle, Rapports franco-anglais (1066-1259).
13 décembre 1909, M. Morize, L'Église de France sous Charles VI.
7 février 1910, M. Cohen, La maison de Bourgogne jusqu'en 1461.

Il entendit également M. Pascal traiter devant M. Schirmer, le jeudi 12 mai 1910, des régions naturelles de Sibérie.

On conduisit aussi Paul Fischer à la conférence de M. Aulard. Lorsqu'il en sut le chemin, il n'eut garde de l'oublier. Il n'attendit pas en effet, pour y retourner, l'année 1912-1913, époque à laquelle seulement il fut admis à participer aux exercices pratiques qui s'y faisaient. Mais, jusque-là, dans quelle intention s'y rendit-il? Pour écouter encore quelque camarade? Peut-être. Pour tirer profit des observations du professeur, une fois la leçon terminée? Sans doute. A vrai dire toutefois, ce n'était pas ce qui l'y attirait le plus. Il y allait — que M. Aulard, si ce passage lui tombe sous les yeux, n'en tienne pas rigueur à son ancien élève —, il y allait surtout en amateur, nous pourrions presque dire en dilettante. Qui n'a entendu cet historien qu'à son cours public du mercredi ne peut se rendre compte du tour séduisant que prend sa conversation en petit comité; autant que l'esprit, l'oreille s'y complaît, la phrase venant, par instants, s'appuyer sur une intonation très suggestive, d'une extrême souplesse, qui ajoute à la finesse de l'expression, sans diminuer la hardiesse de la pensée : c'est le causeur délicat du dix-huitième siècle pour un moment revenu parmi nous; Mme Geoffrin l'eût comblé d'attentions.

M. Pfister, comme nous l'avons mentionné, comptait Paul Fischer parmi ses auditeurs réguliers du vendredi; c'est ainsi qu'il lui donna, le 14 janvier 1910, à expliquer quelques articles du capitulaire d'Herstal. Constamment à la recherche de ce qui peut accentuer, hâter la formation de ses élèves, même les moins anciens, ce professeur, dont on ne dira jamais trop de bien, avait tenu à lui faire faire, le mois précédent, une leçon sur la papauté, de la mort de Grégoire VII à la mort de Calixte II, et le concordat de Worms, et, applaudissant à tout effort, s'en était déclaré satisfait.

Cependant les éléments du mémoire relatif aux aliénations du domaine royal s'amassaient; des mains entières de papier passaient à sa préparation. Les manuscrits des Archives nationales n'étaient pas seuls mis à contribution; d'autres collections recélaient de l'inédit, celles notamment de la bibliothèque de l'Institut. L'accès de cette bibliothèque toutefois n'était pas commode. Il fallait, pour y être admis, avait déclaré l'un des fonctionnaires, un mot d'un académicien. Paul Fischer demanda ce mot au professeur directeur d'études, à M. Ernest Lavisse, qui écrivit quelques lignes sur la propre carte de visite de l'étudiant. Au fait, les blancs ne manquaient pas sur le bristol, où le titre de licencié ne figurait même pas. Paul Fischer certes attachait une grande importance aux grades universitaires, mais il fuyait tout ce qui pouvait être pris pour de l'ostentation. Ce n'est que lorsqu'il fut reçu agrégé — encore son succès au concours coïncida-t-il avec l'épuisement de sa provision de cartes — qu'il se décida à ne plus se borner, sur celles-ci, à la simple énonciation du nom et de l'adresse.

Ses trajets de la rue Boursault à la Sorbonne, et *vice versa,* se trouvèrent, dans les dix derniers jours de janvier 1910, singulièrement exempts de banalité. On était, le souvenir ne doit pas encore en être effacé, en pleine inondation. A la suite d'une crue, pour l'importance de laquelle il fallait remonter bien loin, la Seine avait fait irruption dans les soupiraux de la nouvelle gare terminus du réseau d'Orléans, envahi non seulement les quais de la rive gauche, mais les voies adjacentes, pénétré dans les égouts et dans les souterrains du chemin de fer métropolitain, produit de dangereuses excavations devant l'Opéra, aux abords du magasin du Printemps et sur la place du Havre, et transformé en un véritable lac — on le traversait en bateau — le bas de la rue de Rome et les rues voisines. Bien que le pont des Arts fût sérieusement menacé, Paul Fischer, en dépit des recommandations de ses parents, persistait à le prendre à l'aller et au retour, afin de suivre le progrès des eaux. Du tablier s'apercevait,

à l'extrémité de la jetée du Vert Galant la plus rapprochée
du quai de Conti, une guérite ronde, dont le sort l'intéressait vivement. Solidement boulonnée, le flot n'avait pu
l'ébranler, mais il avait fini par n'en laisser émerger que
la pointe. Celle-ci allait-elle disparaître à son tour, ou
continuerait-elle de braver la crue? Ce fut le fleuve qui
triompha. Victoire éphémère d'ailleurs, car cette logette
est toujours là. Le poète aurait-il raison? Sa vision dépas-
serait-elle les bornes décevantes du rêve? Existerait-il une
âme des choses? Nous ne pouvons jamais nous engager
sur ce pont, sans que, sollicités par une force mystérieuse,
nos yeux se tournent vers le toit conique du modeste abri,
comme s'il y restait une secrète empreinte des regards,
désormais éteints, qui s'y portèrent en 1910.

Le 28 février, Paul Fischer reçut du Secrétariat de la
Faculté une communication relative aux prochaines
épreuves du diplôme : agréé comme sujet, son mémoire
devait être déposé le 30 mai au plus tard, afin que M. Langlois l'examinât; la discussion géographique porterait sur
le Niger dans l'Afrique occidentale française; la question
d'histoire aurait trait sans doute à la suppression des maîtrises et des jurandes par Turgot, et l'étudiant se voyait
invité à en conférer avec M. le professeur Denis : cette
question, aussi bien que les matières restantes de l'examen,
serait définitivement arrêtée avant le 20 mars.

La suppression des maîtrises fut maintenue, la bibliographie (Archives) assignée comme science auxiliaire, et
l'Ordonnance de Philippe le Bel de 1303 pour la réforma-

tion du royaume choisie pour texte d'explication critique.

Aussitôt commença la rédaction du mémoire ; l'établissement des fiches usitées en pareil cas ayant été commencé dès le mois d'août, et le classement en ayant été opéré au fur et à mesure, cette rédaction put être achevée à l'époque voulue. Mais s'il avait eu plus de temps devant lui, Paul Fischer aurait étendu le travail, ou du moins l'aurait complété sur certains points. Cédant à l'attrait des recherches, il apercevait constamment la question par de nouveaux côtés, et la conscience qu'il apportait à l'exécution d'une tâche librement entreprise suggérait addition sur addition. Il dut s'arrêter cependant, et même, pressé par l'heure, il n'eut pour ainsi dire plus le loisir de revoir son œuvre ; il avait décidément fort bien agi en se mettant à la besogne dès le mois d'août. A tout prendre néanmoins, il poussa un soupir de soulagement lorsqu'il eut déposé le mémoire au Secrétariat.

La soutenance et les épreuves successives à la suite desquelles il se vit octroyer le diplôme d'études supérieures eurent lieu en juin. M. Langlois fut examinateur, non seulement en ce qui toucha les aliénations du domaine royal, mais en ce qui regarda aussi la bibliographie et l'explication critique. M. Aulard, et non M. Denis, interrogea sur les maîtrises et les jurandes. Quant à la question du Niger, elle fut dévolue à M. A. Bernard.

En même temps que Paul Fischer, réussirent à l'examen plusieurs étudiants qui comptaient aspirer à l'agrégation ; voici, avec le sujet du mémoire, le nom de quelques-uns :

M. Beucler, l'industrie du fer en Franche-Comté;

M. Chouet, la formation et l'administration du temporel de la Maison Royale des Dames de Saint-Louis, à Saint-Cyr (1686-1730);

M. Conte, la confédération béotienne, des origines à Chéronée (338);

M. Élie Debidour, études sur la dictature présidentielle de Louis-Napoléon (1851-1852);

M. Devinat, Frédéric-Guillaume IV et les Diètes provinciales, étude sur le développement des idées constitutionnelles en Prusse de 1840 à 1847;

M. Ganem, le parti modéré au Corps législatif (an IV-18 fructidor an V);

M. Glotz, l'Assemblée provinciale de Lorraine et Barrois (1787-1790);

M. Guébin, les comptes d'Alfonse de Poitiers;

M. Lacoste, le temporel de l'abbaye de Cluny et la condition des personnes de 910 à 1048;

M. René Martinet, formation territoriale du département de l'Aube;

M. Pousse, les influences grecques sur les cultes syriens aux environs de l'ère chrétienne.

Paul Fischer se reposa à peu près tout le mois de juillet. Il se délassa de ses travaux par des lectures variées, passant du grave au badin, ne méprisant aucun genre, allant jusqu'à demander aux inépuisables chapitres du *Vicomte de Bragelonne* la suite des aventures de ces trois mousquetaires qui l'avaient si fortement intéressé lorsqu'il était au lycée. Beaucoup de ses promenades furent dirigées vers le faubourg Saint-Germain, dont les hôtels armoriés évoquaient en son esprit de nombreux souvenirs historiques. Fait surprenant, il montra un goût infiniment moindre pour les vieilles demeures du Marais. C'était à se demander s'il ne gardait pas rancune à ce quartier, du déplaisir marqué qu'il avait si souvent éprouvé à revenir des Archives par des rues ne respirant que le négoce.

Il n'eut garde cependant d'abandonner complètement la Sorbonne. N'y avait-il pas laissé des camarades aux prises avec la licence?

Parmi précisément les aspirantes de la session se trouvait cette jeune fille qu'il avait connue, on se le rappelle, lors du baccalauréat. Les relations amicales qui, à cette époque, avaient pris naissance entre eux s'étaient affermies et développées. Ils se rencontraient fréquemment à la Sorbonne, quoique leurs branches d'études différassent : Mlle Soto avait opté pour la philosophie. A une intelligence constamment en éveil, à une imagination savamment tenue en bride, à un sens profond de la vie, cette camarade joignait des manières d'une grâce très personnelle. Elle contrastait aussi, par son élégance native, avec ces étudiantes singulières, venant surtout de l'étranger, qui affluent de plus en plus à la Faculté des lettres, et dont la mise négligée ne s'explique pas toujours par une situation précaire, mais semble être, à leurs yeux, le signe distinctif du savoir. Paul Fischer assista aux épreuves orales de Mlle Soto, et fut heureux de lui voir conquérir un nouveau grade. Pour fêter son succès, elle décida de recevoir ses amis un dimanche, dans l'après-midi. « Ce sera, écrivait la jeune licenciée, une réunion tout à fait entre nous, sans aucune prétention. Tenue de Sorbonne. » Ces trois derniers mots caractérisaient bien la réception. De futurs universitaires, en effet, des étudiants en médecine, des stagiaires du barreau représentèrent l'un et l'autre sexe. Mme Soto avait abdiqué son rang de maîtresse de maison entre les mains de sa fille, qui fit les honneurs de son salon de l'avenue Niel avec un tact très avisé. Aussi la conversation fut-elle brillante, et si parfois elle s'échauffa, elle demeura toujours d'une exquise courtoisie, la politique en ayant été impitoyablement proscrite par Mlle Soto. A l'heure du thé, on se rendit à la salle à manger. Entre autres pâtisseries ornant la table se trouvaient deux gâteaux immenses. Ils furent passés, pour être partagés, l'un à un étudiant en médecine, l'autre à Paul Fischer; le carabin avait sur l'historien cet avantage qu'il était rompu à la pratique de la dissection.

Cette après-midi marqua en quelque sorte la fin de l'année scolaire. Les examens du baccalauréat ne tardèrent pas à se terminer. Il ne resta plus que les épreuves orales des diverses agrégations. Mlle Soto et Paul Fischer assistèrent à quelques-unes. Ce dernier entendit ainsi des leçons d'histoire ou de géographie, faites, si nous ne nous perdons pas dans nos souvenirs, par MM. Léon Abensour, René Bloch, Henri Boucau, Garcement, Massigli, Pla et

Étienne Weill-Raynal. Puis, vers le 20 août, la Sorbonne tomba dans sa léthargie annuelle.

Si la Bibliothèque nationale avait été fermée, elle aussi, Paul Fischer se serait décidé peut-être à prendre de vraies vacances; mais elle demeurait ouverte! La tentation était trop forte. Peu de journées s'écoulèrent dès lors sans qu'il allât passer quelques heures dans cet établissement. Il s'y employa aux premiers défrichements du programme de l'agrégation. Des camarades, qu'il y rencontra, remarquèrent dans sa physionomie une altération bizarre.... Jusqu'alors il avait porté la barbe entière; seule maintenant restait la moustache. Peu de temps après, il trouva même que cette dernière était de trop, et, pendant quelques mois, on put le voir rasé de près, comme un étudiant d'outre-Manche.

AGRÉGATION

(1910-1911)

Le concours de l'agrégation d'histoire et de géographie est ouevrt aux licenciés ès lettres de toute catégorie. Il n'est fait aucune distinction entre les travaux ayant amené la collation du grade. Toutefois, les candidats doivent posséder le diplôme d'études supérieures d'histoire et de géographie ou, à défaut, soit celui d'archiviste paléographe, soit celui de l'École des Hautes Études (section d'histoire et de philologie, ou section des sciences religieuses). Ils sont tenus encore de justifier, à moins qu'ils ne soient professeurs de collège ou chargés de cours de lycée, qu'ils ont accompli un stage pédagogique spécial. Ce stage comprend une préparation théorique et un apprentissage professionnel. La première consiste dans l'audition d'un certain nombre de conférences ayant trait, non plus seulement à l'histoire et à la géographie mêmes, mais aussi, comme on l'a vu dans le précédent chapitre, à l'enseignement secondaire en général. L'apprentissage professionnel comporte l'assistance et la participation progressive à des classes, pendant généralement trois semaines consécutives.

Les épreuves du concours sont au nombre de sept. Elles commencent par quatre compositions d'une durée de sept heures chacune et se rapportant : la première, à l'histoire ancienne ; la deuxième, à l'histoire du moyen âge ; la troisième, à l'histoire moderne ou à l'histoire contemporaine ; la quatrième, à la géographie. Ces compositions, dont les sujets sont tirés d'un programme indiqué un an d'avance, donnent lieu à une première série d'éliminations. Après quoi, les concurrents restant en présence, dits sous-admissibles, font une leçon d'histoire, et une autre, à leur choix, d'histoire ou de géographie. Elles durent trente et quarante-cinq minutes respectivement. La première, appelée leçon pédagogique ou leçon-plan, parce qu'elle porte moins sur le sujet même que sur la manière de l'envisager et de l'exposer, est prise dans le programme ; la seconde lui est toujours étrangère. Interviennent aussitôt de nouvelles éliminations. Les candidats maintenus, dits grands admissibles, font alors, sur une question du programme, et durant trois quarts d'heure, une troisième leçon, soit d'histoire s'ils ont, aux épreuves du deuxième degré, opté pour la géographie, soit de géographie dans le cas contraire. Un dernier coup de faux : ceux que le tranchant n'atteint point sont définitivement reçus. Ajoutons que les candidats ont eu à leur disposition : pour les compositions, la *Chronologie générale*, de Dreyss, et l'*Atlas de poche*, de Schrader ; pour la leçon pédagogique, les livres jugés nécessaires par le jury ; et pour les suivantes, à peu près tous les ouvrages, toutes les cartes, tous les documents analogues qu'il leur a plu de demander. En outre, il leur a été accordé, pour la préparation de ces leçons, trois heures en ce qui touche la première, et six heures en ce qui regarde chacune des deux autres; ce sont eux-mêmes enfin qui, d'une urne, ont extrait les sujets à traiter.

Voici quel était le programme du concours de 1911 :

Histoire ancienne : 1. La Chaldée et l'Assyrie, des origines à la prise de Babylone par Cyrus; — 2. La Grèce, des origines à la fin des guerres médiques (479): — 3. Histoire intérieure et extérieure de Rome, de la fin des guerres puniques à la mort d'Auguste.

Histoire du moyen âge : 1. La papauté, depuis le commencement du v⁰ siècle jusqu'à l'avénement de Grégoire VII, expansion du christianisme pendant la même période: — 2. Les Hohenstaufen; — 3. Histoire intérieure et extérieure de la France sous les Valois, de 1328 à 1515.

Histoire moderne et histoire contemporaine : 1. Louis XIV: — 2. La Prusse, histoire intérieure et extérieure de 1786 à 1871; — 3. Histoire intérieure et extérieure de la France, de 1789 à 1889.

Géographie : 1. Géographie physique générale; — 2. La France; — 3. L'Amérique; — 4. Les régions polaires.

La simple lecture de ce programme montre qu'un candidat ne peut, en une seule année, examiner sérieusement toutes les questions qui y figurent. Il doit consacrer déjà, en effet, une partie considérable de son temps à l'étude des matières, autrement nombreuses, qui n'y sont pas mentionnées. Sinon, et à moins d'une chance toute spéciale, il se trouvera en fort mauvaise posture au moment de la deuxième leçon, en dépit des six heures accordées pour sa préparation. Aussi, lors du remaniement périodique du programme, le ministère use-t-il de ménagements : quelques questions sont maintenues, et s'appliquent de la sorte à deux concours ; ce serait le cas, en 1912, pour les numéros 2 d'histoire ancienne, 1 du moyen âge, 1 et 2 de géographie, et, à proprement parler, 2 (3 nouveau) d'histoire moderne.

Si bien doués qu'ils puissent être par conséquent, les aspirants à l'agrégation ne sont qu'assez rarement appelés à triompher, la première année qui suit l'obtention du diplôme d'études supérieures. Nous écartons naturellement le jeu des circonstances particulières ; on a vu, par exemple, des candidats tirer jusqu'à trois sujets qu'ils avaient traités dans des conférences. Nous mettons également de côté les années critiques ; c'est ainsi qu'en 1914 le concours finit par se métamorphoser en examen. La mobilisation générale arrêta net les épreuves. Il n'y eut d'autre leçon que la leçon pédagogique, et même une demi-douzaine de candidats n'allèrent pas au delà des compositions écrites qui leur avaient assuré la sous-admissibilité. Que se passa-t-il dans des conditions si anormales ? Tous les candidats qui, pour l'ensemble des épreuves restreintes auxquelles ils prirent part, obtinrent un nombre de points excédant la moyenne furent reçus indistinctement, sans autre classement que l'ordre alphabétique. Au lieu des 18 agrégés habituels, on en eut 31 ! La mesure boiteuse, mais obligée peut-être, à laquelle s'arrêta le ministère introduisit donc dans le corps universitaire 13 agrégés qui, sans elle, nous ne dirons pas, ne le seraient jamais devenus, mais du moins ne l'auraient pas été de si tôt.

Remarquons, d'ailleurs, que le candidat ne va pas tarder

à voir ses études troublées par les obligations du stage pédagogique. La participation à l'œuvre du maître, dans le lycée ou le collège désigné par l'autorité académique, contribuera évidemment à la formation du futur professeur, mais ce seront autant d'heures qui se trouveront retranchées du temps, si faible déjà, dont il dispose.

De ce temps cependant, il fera trois parts : la première sera consacrée aux lectures, la deuxième aux cours, la troisième aux conférences.

Les ouvrages qu'il doit analyser sont extrèmement nombreux; il y en a en diverses langues : en français d'abord, cela va de soi, puis en allemand et en anglais immanquablement, et, assez souvent, en d'autres idiomes. Comme il n'est pas polyglotte, et que, du reste, les heures n'ont jamais que soixante minutes, il ne tarde pas à s'entendre, pour les lectures, avec un camarade, généralement du moins. Paul Fischer, en tout cas, jugea cette méthode excellente et la suivit. Il se chargea des livres anglais ainsi que des espagnols, et abandonna les allemands à l'étudiant avec lequel il avait lié partie. Quant aux ouvrages écrits en notre langue, ils donnèrent lieu à un équitable partage. Les deux associés obtenaient, au moyen d'une feuille intercalaire recouverte de l'enduit transmissible, bien connu, de couleur violacée, un duplicata de leur travail, et se le passaient mutuellement.

En ce qui touche les cours, les candidats à l'agrégation ont, par un biais, résolu à peu de chose près le problème de l'ubiquité. Ne voulant pas assister à tous, ne le pouvant pas, d'ailleurs, car leur temps est mesuré, ils ont adopté une combinaison grâce à laquelle ils profitent de l'enseignement du professeur, sans être obligés, pour cela, de venir l'écouter, même par intervalles. L'un d'eux se rend à la Sorbonne, prête une oreille attentive aux paroles du maître, prend des notes et, de retour à la maison, reconstitue de son mieux ce qu'il a entendu; la leçon est ensuite, à frais communs, reproduite au nombre voulu d'exemplaires pour qu'aucun des absents n'en soit privé. Que dix étudiants au maximum donnent chacun une heure seulement par semaine à la coopération, et tout marche à souhait. Mais alors le professeur parle devant des bancs vides? Pas précisément. Outre que certains maîtres savent attirer les élèves et, bien mieux, les conserver, il existe des candidats dont la polycopie ne sert pas les moyens mnémoniques. Si les étudiants parviennent, en grande majorité, à s'assimiler les matières du concours, où et sous quelque forme qu'ils en prennent connaissance, d'autres n'y réussissent que s'ils en tracent préalablement de leur main les parties essentielles, ou les perçoivent par l'ouïe. Cela n'est pas plus surprenant que l'impossibilité bien connue, pour maintes personnes, de retenir quoi que ce soit, si elles ne l'ont lu à haute voix, et quelquefois bredouillé. Il est peu de professeurs en tout cas, si même il en existe un seul, qui ne condamnent la polycopie. Ne leur enlève-t-elle pas maint et maint auditeur? Assez souvent, ils affectent d'ignorer cette pratique; mais, quand les circonstances permettent de le faire en toute dignité, ils ne manquent pas de s'élever contre elle. Et, au fond, on ne peut leur donner tort. Les faits qu'ils ont pris tant de peine à coordonner, à présenter sous un jour clair, ne s'entrevoient plus que confusément à travers cinq ou six pages de phrases sèches et plus ou moins décousues. C'est un cadavre, parfois un squelette. Mais les attaques des maîtres sont demeurées vaines. Non seulement la polycopie a résisté, mais elle s'est développée et, qui plus est, perfectionnée. Jusqu'en juin 1912, en effet, on obtenait des épreuves tirées en violet, souvent fort peu distinctes à cause de l'écrasement des lettres sur la plaque de gélatine, et, d'autre part, en nombre très restreint, les derniers exemplaires devenant à peu près illisibles. A la rentrée de novembre, un étudiant des plus avisés, M. Arnaud d'Estournelles de Constant, qui, par la confiance de ses camarades autant que par l'antériorité de ses immatriculations, avait la haute main sur ce travail, apporta une modification radicale à l'outillage. Sans que l'abonnement mensuel fût sensiblement augmenté, on eut des exemplaires d'un format moins commode peut-être, mais imprimés en noir et lisibles jusqu'au dernier. En outre, il ne fut plus aussi nécessaire d'en mesurer le nombre à certains candidats que des nécessités d'ordre budgétaire tiennent momentanément éloignés de la Sorbonne. Il existe, en effet, toute une catégorie de délégués, de professeurs de collège ou de chargés de cours de lycée que ni des insuccès répétés, ni l'âge ne parviennent à détourner du concours; et même, en considération de leur sort, qui vraiment est intéressant, les professeurs pourraient peut-être légèrement émousser les traits qu'ils dirigent contre la polycopie. L'œuvre progressa donc singulièrement en 1913, et la personne chargée du tirage, et, à ce titre, rémunérée par le trésorier de l'association — celle des étudiants de Sorbonne proprement dite, car il y en a une distincte pour les élèves de l'École normale — fut loin de s'en plaindre. Mentionnons, à ce propos, que les fonctions de trésorier se trouvèrent, cette année-là, remplies par une étudiante, Mme Pascal : elle s'en acquitta fort bien.

Mais livres et cours ne donnent que l'instruction théorique ; l'enseignement pratique s'acquiert dans les conférences. Les étudiants y font à tour de rôle, sous la direction de maîtres expérimentés, des leçons semblables à celles du concours de l'agrégation. Le nombre des jeunes gens assistant aux cours est, comme on l'a vu, généralement faible ; pour les conférences, la situation se trouve renversée. Il n'y a même pas un seul candidat, pouvons-dire, qui, en principe, néglige de faire des leçons. Il n'y en a pas un seul non plus qui ne cherche à se former au contact des meilleurs professeurs. Les maîtres sont donc de valeur inégale ? Hélas ! les étudiants l'affirment. Ils le font même, à chaque rentrée de novembre, en des phrases qu'avec la belle assurance de leur âge, ils veulent sans réplique. Ah ! lors des épreuves de la licence et du diplôme, cette assurance était plus friable ! Mais les rôles maintenant sont intervertis : les élèves jugent leurs examinateurs, et tous naturellement entendent être inscrits aux conférences des maîtres à qui vont leurs suffrages. Avec un tel système, il y aurait bien quatre ou cinq professeurs de préposés aux exercices pratiques; les autres s'en tiendraient aux cours. La chose étant inadmissible puisque, les élèves faisant des leçons à tour de rôle, ce tour n'arriverait ainsi que tous les deux ans, et encore! il faut, de toute nécessité, en venir aux concessions. C'est dans cet esprit qu'a lieu, dès le début de novembre, une réunion générale des candidats.

Annoncée par une ou deux affiches apposées dans l'escalier C, elle se tient habituellement dans la salle I, ou dans celle de l'histoire de l'art. Elle est présidée par un vétéran, dont, à vrai dire, l'autorité n'est pas parfaitement respectée; il est assisté de deux camarades. Ceux-ci furent une année, ce détail est-il exact? M. Lacoste et Paul Fischer : ils flanquaient de leurs personnes M. d'Estournelles de Constant. Pour le choix des maîtres, il est de règle que les anciens étudiants aient le pas sur les nouveaux. Longtemps aussi il fut admis qu'un élève de première année de Normale devait être assimilé à un de deuxième de Sorbonne, et ainsi de suite en remontant; mais, comme tous les privilèges, cette prérogative, que peut justifier pourtant le temps passé dans la classe de rhétorique supérieure, tend insensiblement à disparaître. Il est un cas d'ailleurs où l'étudiant de fraîche date obtient couramment de faire des leçons devant au moins un maître de son choix, c'est lorsqu'il a élaboré, sous la direction de ce maître, le mémoire en vue du diplôme d'études supérieures; mais alors, et par compensation, ses camarades ne manquent pas de lui

désigner, comme autres professeurs, tous ceux dont l'attri-
bution est difficile. Ah! de quel juste et secret courroux
serait pris tel ou tel de ces derniers, si, nouvel Asmodée,
il pouvait, invisible, assister à la formation des équipes! Il
entendrait de singuliers marchandages : « Vous voulez, dit
le président, aller chez A pour telle partie, soit! mais alors
vous aurez I, J, K pour les autres. — Jamais de la vie! de
répliquer l'étudiant, martelé par l'angoisse. — C'est à
prendre ou à laisser, riposte le président, vous êtes de première année et devriez vous estimer fort heureux déjà de
ne pas avoir L au lieu de K. » A force d'insister, le néo-
phyte finit par obtenir A, II, I et J. Tout s'arrange donc,
car il y a des vides à combler dans les équipes de quelques
professeurs, dont la science et l'expérience sont hors de
pair, mais dont les exigences effrayent d'abord les candidats; et combien pourtant, parmi les récalcitrants, ont
eu à se féliciter d'avoir été inscrits de force à la conférence de l'un de ces maîtres sévères!

Les exercices pratiques peuvent maintenant commencer.
Chaque professeur les organise à sa façon. Il y a toutefois
certaines règles dont on s'écarte peu. L'étudiant dont le
tour de leçon est venu a été averti largement d'avance de
la question à développer. Trop largement même, car, au
lieu de ne consacrer à la préparation que le laps de temps
dont il jouira lors du concours, il a fréquemment, sous de
regrettables préoccupations d'amour-propre, dépassé, et de
beaucoup, les trois ou les six heures octroyées. A la date
fixée, il traite le sujet devant ses camarades; presque tou-

jours — nous ne connaissons, dans la section d'histoire et de géographie, que deux maîtres ayant dérogé à cet usage — le professeur lui a abandonné sa chaire. Celui-ci, aussitôt l'exposé terminé, reprend sa place, donne la parole aux assistants qui ont des observations à présenter, puis passe à la critique de la leçon. Beaucoup de professeurs cependant, nous pourrions dire le plus grand nombre, procèdent d'emblée à cette critique, et le pittoresque n'est pas quelquefois sans y perdre. Les femmes ont toujours été tenues pour de très loquaces personnes; leur entrée à la Sorbonne n'a porté aucune atteinte à cette réputation. Sur leur besoin de parler s'est même greffée une présomption par moments fort réjouissante. Après l'achèvement d'une leçon, qui avait demandé à son auteur, d'ailleurs déjà d'une certaine force, une sérieuse préparation, une simple licenciée — on a vu précédemment que divers professeurs laissent des étudiants de ce grade assister aux exercices pratiques —, au lieu de se renfermer dans son rôle d'invitée en quelque sorte, n'hésita pas, de ce ton dégagé que souvent prend ce sexe aimable pour condamner la coupe d'une robe ou la forme d'un chapeau, à opiner dans les termes suivants : « J'ai beau chercher, vraiment je n'aperçois pas, oh! mais pas du tout, ce que M. N*** a entendu nous montrer. » Plus simple fut une jeune fille à la conférence de M. Aulard : « M. X*** a signalé que Marie-Antoinette était de mœurs légères, et a ajouté, par deux fois, qu'elle passait même pour avoir eu des maîtresses. Des maîtresses? M. X*** a voulu dire des amants. » L'historien autorisé de la Révolution en devint rêveur. Ces demoiselles ne manquent pas non plus d'espièglerie. Au cours d'une leçon, Paul Fischer ayant dit : « Portons maintenant la question sur un autre terrain », l'une d'elles mit en liesse ses compagnes, en simulant un ouvrier jetant des pelletées de terre d'un point à un autre. Fière du succès de sa mimique, elle se livra jusqu'à la fin de l'exposé, à des singeries du même genre. Paul Fischer ne s'en émut pas plus que de raison, mais, dans l'intérêt de camarades que de semblables gestes pourraient réellement troubler, il prit à part, au sortir de la réunion, cette joviale personne, et la pria de vouloir bien désormais, quand elle raillerait un étudiant, attendre au moins l'achèvement de la leçon.

Aux conférences, où le tour de parole ne limite que trop l'initiative individuelle, peuvent se rattacher les exercices pratiques entre candidats. C'en est le doublement. Certains étudiants, sympathisant entre eux, se constituent dès lors en équipes privées. Au nombre de trois ou de quatre, quelquefois de cinq, ils se réunissent périodiquement, et traitent de questions pareilles à celles qui sont développées devant les professeurs; la critique du maître est remplacée par la leur propre.

Livres, cours et conférences sont donc les trois sources auxquelles l'aspirant à l'agrégation puise les connaissances dont il a besoin. Logiquement, semble-t-il, une place égale doit être faite à chacune. Paul Fischer pourtant en jugea différemment, du moins pour l'année scolaire 1910-1911. Il ne lui échappa nullement que, devant avoir vingt et un ans seulement lors du prochain concours, son jeune âge serait loin de le servir aux épreuves orales. Si, dans les compositions, le candidat est apprécié sur son propre fonds, il n'en est pas absolument de même à l'heure des leçons. Les membres du jury ont alors en face d'eux, non pas une copie inerte, mais une personne en chair et en os. Ce qu'ils entendent est assurément l'élément essentiel de leur jugement ; ce qu'ils voient toutefois n'est pas, qu'ils le veuillent ou non, sans les influencer. La maturité d'un candidat ne dépend pas uniquement de ses connaissances en histoire et en géographie, mais de son expérience ; or, à vingt et un ans, celle-ci n'est pas considérable. On ne doit nullement regretter du reste que, même inconsciemment, le jury arrive, sous ce rapport, à doter un éducateur d'une avance quelque peu sensible sur ses élèves. Comprenant par suite qu'il n'avait que des chances absolument minimes de triompher à l'oral, mais voulant du moins réussir à l'écrit, afin de se constituer un antécédent favorable, Paul Fischer estima, contrairement à l'opinion reçue, qu'il ne devait point, la première année, dépenser son temps à faire des leçons, mais amasser force connaissances théoriques : celles-ci demeureraient acquises pour les concours ultérieurs, et, plus libre d'esprit, il pourrait déverser alors, et cette fois avec profit, sur les exercices pratiques, toute une série d'heures devenues ainsi disponibles.

Les lectures allaient donc prendre le pas sur les conférences.

Nous renonçons à désigner les innombrables ouvrages

qu'il compulsa et analysa. Ses séances à la Bibliothèque
nationale furent extrêmement fréquentes. Quand il pouvait choisir sa place, il s'installait du côté des bulletins
blancs, à peu près au milieu de la salle, vers le numéro 266
ou le numéro 242, pour préciser, au premier de préférence.
Immanquablement, à cette bibliothèque, il rencontrait des
camarades. Mlle Soto notamment s'y rendait assez souvent,
et volontiers prenait un siège voisin du sien. Il éprouvait
toujours un vif plaisir à la voir, à s'entretenir avec elle, à
la suivre dans ses aperçus originaux et émaillés d'esprit,
d'un esprit très fin, très primesautier. Mais à la Nationale,
et du moins pendant les froids, si agréable, et même si
désiré qu'il fût, ce voisinage n'était pas sans épines. Pour
être étudiante, en effet, cette charmante personne n'avait
pas cessé d'être femme. Or, lorsqu'elle avait déposé sur la
table manchon, sac, bouquet, gants, boa, manteau, il ne
restait plus d'espace libre pour les livres. Force était donc
d'empiéter sur le voisin, et de lui passer une partie de la
garde-robe. Paul Fischer voyait alors une bonne moitié de
sa place convertie en vestiaire. Comment travailler dans ces
conditions? Fort heureusement encore, il n'avait, en ce qui
le concernait, aucun pardessus dont il eût à prendre souci.
Ce vêtement, comme d'ailleurs le parapluie, auquel pourtant il se résignait parfois, lui inspirait une incroyable
antipathie. Ses camarades l'ont toujours vu en veston,
quelque froide que fût la température. Les rhumes n'avaient
pas de prise sur lui, ou du moins il n'y était pas plus sujet
que les personnes les mieux couvertes. S'habiller en tout

temps de la même manière était devenu pour lui un principe. Vêtu d'un complet en tissu de fantaisie, le plus souvent noir, coiffé d'un chapeau rond de couleur identique, sauf l'été, où la paille blanche remplaçait le feutre, ganté et cravaté de noir également, ne portant aucun bijou, fût-ce une chaîne de montre, il ne varia jamais dans sa mise : « Vous avez donc encore perdu un parent? » lui disait parfois Mlle Soto, qui aimait à le plaisanter sur la note sombre de son costume.

Voici les cours auxquels il s'intéressa pendant l'année 1910-1911, soit qu'il y assistât réellement, soit qu'il en prit connaissance au moyen de la polycopie :

Lundi,   5 h.,   salle G, M. Bourgeois, La politique extérieure du second empire.

Mardi,   2 h.,   salle C, M. Glotz, Histoire économique de la Grèce depuis les origines jusqu'à la fin des guerres médiques.

Mardi,   5 h.,   salle G, M. Gustave Bloch, La république romaine.

Jeudi,   1 h. $\frac{1}{2}$, salle de géogr., M. Gallois, L'Amérique du Sud.

Jeudi,   5 h.,   salle C, M. Pfister, Histoire des institutions françaises sous les Valois.

Samedi,   10 h. $\frac{1}{2}$, salle de géogr. ou salle I, M. de Martonne, L'Amérique du Nord.

Samedi,   1 h. $\frac{1}{2}$, salle de géogr. coloniale, M. Marcel Dubois, L'Amérique du Nord.

Si chacun de ces cours eut sa valeur propre, celui de M. Glotz présenta cependant un attrait tout particulier :

riche du résultat de fouilles récentes, il fut, par instants, une véritable résurrection de la société crétoise.

En ce qui concerne les conférences auxquelles Paul Fischer se vit inscrit, nos souvenirs sont confus. Nous ne pouvons indiquer sûrement que celle de M. Langlois. S'il assista ponctuellement à cette conférence, qui avait lieu le samedi, à 9 h. ½, salle I, sa participation aux exercices pratiques dirigés par les autres professeurs dut être en revanche très irrégulière; et, dans l'équipe privée dont il avait accepté de faire partie avec M. Ganem, M. Guébin et aussi, croyons-nous, M. Devinat, sa collaboration ne fut sans doute pas plus appréciable. Nous savons cependant que, sans y être positivement inscrit peut-être, il se rendait, par intervalles, à la conférence de M. Pfister (lundi, 1 h. ½, École normale); c'est ainsi qu'il entendit MM. Lacoste et Baticle traiter, le premier, le 7 novembre 1910, du gouvernement de Philippe VI de Valois, et le second, la semaine suivante, de la Bretagne pendant la guerre de Cent ans.

Et l'apprentissage professionnel, cette partie active et prépondérante du stage?

Il l'accomplit au collège Rollin, en janvier, sous la direction de M. Pagès. Ce professeur n'était point un étranger pour lui; on a vu qu'il lui avait, au lycée Carnot, enseigné l'histoire et la géographie au cours de l'année scolaire 1904-1905 (classe de troisième). Paul Fischer n'en fit pas moins la visite préalable accoutumée; il se rendit chez M. Pagès avec deux autres étudiants, détachés également au collège Rollin, MM. Edgar Blum et Élie Debidour. Peu après, il fut convié, comme d'ailleurs tous les stagiaires, à visiter un groupe scolaire.

Le 21 mars, il se mit en règle avec l'autorité militaire : à 9 h. ¼ du matin, il se présentait devant le conseil de revision fonctionnant à la mairie du IVᵉ arrondissement, place Baudoyer, et, ne voulant aucunement se prévaloir de la myopie prononcée dont il se trouvait atteint, était déclaré apte au service armé; il demanda toutefois un sursis d'incorporation, afin de pouvoir continuer ses études, sursis qui lui fut accordé, puis renouvelé deux années de suite.

Au commencement d'avril, il déposa sa demande de participation au concours, s'engageant « à se tenir, pendant un an, à la disposition du ministre de l'Instruction publique pour occuper, pendant cinq ans au moins, une chaire de lycée. »

Il se mit alors à repasser les notes qu'il avait prises aux cours et dans les bibliothèques. Toutes avaient été recueillies sur des feuilles volantes. Elles formaient une pile d'impressionnante hauteur. Afin de ne pas être découragé par la longueur du texte, il enroulait une feuille autour des index opposés l'un à l'autre, comme pour faire une cigarette : il n'apercevait ainsi que deux ou trois lignes. Les parties lues disparaissaient ainsi que dans un engrenage, sous l'action incessante des pouces, et il éprouvait l'heureuse surprise, de temps en temps, d'arriver à la fin du rouleau, alors qu'il pensait n'en être encore qu'à la moitié. Il passait aussitôt à une autre feuille, et ainsi de suite. S'il trouvait des avantages à ce procédé, ses parents s'en félicitaient non

moins. Vers la fin de la classe de seconde, en effet, il avait
pris l'habitude de fumer : quelques cigarettes par jour, pas
davantage; mais insensiblement, et particulièrement dans
les derniers temps, il s'était départi de la modération désirable. Or, avec les index immobilisés dans l'étui cylin-
drique formé par la feuille enroulée, impossible de tenir
une cigarette. Il recourait bien alors à la pipe, qui peut être
serrée entre les incisives, mais il la déposait vite, la fumée
ne tardant pas, si près des yeux, à produire des picote-
ments fort désagréables. Est-ce à cet abus du tabac — car il
ne tardait pas à se dédommager, une fois la besogne
achevée —, ou bien à une ingestion de plus en plus rapide
des aliments, ou encore au surmenage déterminé par l'approche du concours, que doit être attribuée une indisposition assez sérieuse éprouvée dans la dernière semaine de
mai? C'est difficile à préciser; peut-être conviendrait-il de
faire un bloc des trois causes. Toujours est il qu'il ressentit
peu à peu une grande faiblesse, accompagnée de nausées et
de douleurs au creux de l'estomac. Il n'arrêta pas pour
cela la revision de ses notes. Mais, pris bientôt de vomisse-
ments répétés, il fut forcé de suspendre son travail. Alors
la crainte de la fièvre typhoïde vint le troubler. Vite
appelé, le médecin conclut à une crise de dyspepsie aiguë,
ordonna divers remèdes dans lesquels le sulfate de strychnine
avait une place d'honneur, et prescrivit un régime alimen-
taire propre à empêcher une rechute, insistant surtout sur
la nécessité de manger désormais lentement, de prendre le
temps de bien mastiquer. Le malade prêta à ces recomman-

dations l'attention qu'elles méritaient et, chose incroyable, les suivit quelques jours; puis, sa forte organisation ayant repris le dessus, il abandonna remèdes et régime, et revint à son insouciance première.

A quelque temps de là s'ouvrirent les examens du diplôme d'études supérieures. Parmi les futurs candidats à l'agrégation auxquels il fut octroyé, figurèrent :

M. Andral, — étude sur la biographie et le règne de l'empereur Caracalla; ·

M. Henri Bonnet, — histoire intérieure de l'île de Rhodes, de 480 à 323 avant J.-C.;

M. Joseph Brodu, — la croyance à la déification de l'homme par la religion dans la littérature chrétienne primitive;

M. Jahan, — le marquis de Bombelles, ministre du roi près la diète germanique, et la politique de Vergennes en Allemagne (1775-1780);

M. Georges Kauffmann, — les Vosges méridionales;

M. Lemarec, — l'Orne, étude de rivière;

M. Mandon, — l'esprit public et les élections dans le département de la Corrèze pendant la Révolution (1789-1795);

M. André Paul, — Jurieu dans ses luttes contre les Sociniens et les Latitudinaires;

M. Petit, — les serments des prêtres dans le diocèse de l'Eure (1790-1794);

M. Charles Renaud, — l'industrie et le commerce sous les Carolingiens, de 751 à 843;

M. Saumagne, — les mages de Cappadoce.

Le 16 juin, Paul Fischer était convoqué aux épreuves écrites du concours : elles auraient lieu « à la Sorbonne, les 3, 4, 6 et 7 juillet, à 7 heures précises du matin, salle L, escalier A, 3ᵉ étage (entrée 46, rue Saint-Jacques) ». Il n'eut garde de manquer au rendez-vous. Il arriva, muni non seulement « de plumes et d'encre », comme il y était invité, mais encore de sandwichs, afin d'atteindre, sans tomber d'inanition, le moment de la sortie fixé à 2 heures seulement de l'après-midi. Ses parents toutefois durent presque se fâcher pour qu'il consentît à prendre cette précaution élémentaire : on ne pouvait, selon lui, avoir d'appétit au milieu des appréhensions causées par le concours. Ce n'est pas sans émoi certainement qu'un candidat va jouer sur quelques heures de travail le labeur opiniâtre de toute une année. 18 agrégés seulement pour la France entière!

Les compositions portèrent sur les sujets suivants :

Histoire ancienne : la politique romaine en Gaule, de la seconde guerre punique à la mort d'Auguste;

Histoire du moyen âge : Frédéric II de Hohenstaufen;

Histoire moderne et contemporaine : la Prusse, de 1807 à 1815;

Géographie : les grands lacs américains et le bassin du Saint-Laurent.

Présidé par M. R. Jalliffier, inspecteur général de l'Instruction publique, le jury, outre M. Charles Diehl, vice-président, comprenait MM. J. Carcopino, Albert Malet et Zimmermann, professeurs aux lycées du Havre et Louis-le-Grand, pour les deux premiers, et à la Faculté des lettres de Lyon, pour le dernier, qui remplissait les fonctions de secrétaire.

En attendant le résultat des compositions, Paul Fischer revit quelques questions qui avaient des chances d'être données aux épreuves orales. Les étudiants tiennent une sorte de comptabilité des leçons faites chaque année; par celles des concours précédents, ils supputent les prochaines. La plupart du temps, naturellement, ces pronostics sont déjoués, mais quelquefois ils se réalisent : nous avons cité le cas de candidats tirant de l'urne trois sujets qu'ils avaient traités dans des conférences. C'est une aubaine toutefois que Paul Fischer ne devait jamais avoir.

Il eut du moins la satisfaction de voir son nom sur la liste des sous-admissibles, lorsqu'elle fut affichée dans le grand vestibule de la Sorbonne longeant la rue des Écoles. Nous allons donner cette liste telle que nous la possédons, ayant lieu de croire qu'elle est complète, aussi bien d'ailleurs que toutes celles qui suivront, et que nous transcrirons encore *in extenso*, que Paul Fischer y figure ou non; ceux de ses camarades qui s'y trouveront portés, et liront ces pages, se rappelleront l'émotion, l'heureuse émotion que bien certainement ils éprouvèrent alors :

MM. Abensour, Alazard, Arnaud, Assada, Baticle,

Beucler, Bloch, Boucau, Bouygue, Bruneteau, Cain,
Cavaillès, Chambon, Chardonnet, Charles-Dupuch,
Cohen, Conte, Coulon, Coville, Davaud, Dunan, Fairise,
Fischer, Fribourg, Ganem, Garçon, Gonnet, Gros, Lager,
Lajusan, Lanson, Larnaude, Lasne, Laurent, Lévêque,   .
Mathis, Max, Perrin, Pouthas, Schmitt, Tron, Truchon,
Valès, Vaucher.

Les épreuves orales commencèrent à l'amphitéâtre Turgot le mercredi 2 août. Contrairement à ce qui s'était
passé jusqu'alors, elles s'ouvrirent par la leçon pédagogique. Le sort avait désigné la lettre S comme point de
départ. M. Schmitt dut donc être, en 1911, le premier
candidat qui, pour la préparation de cette leçon, gravit, sur
les sept heures du matin, l'escalier des Hautes Études,
pénétra dans le local mis par cette école à la disposition du
jury, et plongea sa main dans l'urne présentée par le surveillant.

Le tirage du sujet est presque invariablement suivi d'un
vif désappointement. Quelle que soit la question amenée,
quelque suffisante connaissance qu'il en ait, le candidat
songe à une autre. Ah! cette autre, comme il la possédait!
Cependant il se met au travail et s'empare des livres de
références usuels placés dans la salle. Les minutes s'écoulent
avec une vitesse impitoyable, et, s'il ne s'en aperçoit pas
immédiatement, il le constate avec amertume quand arrive,
pour lui tenir compagnie et passer par les mêmes inquié-
tudes, celui des étudiants qui lui succédera à l'amphithéâtre. La séance débute toutefois dans des conditions plus

calmes que pour les deux leçons de trois quarts d'heure; les livres sont là en effet et y resteront jusqu'au dernier moment, tandis que, pour celles-ci, il doit rapidement demander tous ceux qui lui sont nécessaires; or l'établissement de la liste met cruellement à l'épreuve parfois ses connaissances bibliographiques.

Pendant la longue préparation de ces leçons de trois quarts d'heure, l'estomac ne demeure pas sans faire valoir ses droits; des sandwichs ou d'autres provisions de bouche y pourvoient. Paul Fischer cependant, quand il ne devait pas paraître devant le jury trop avant dans l'après-midi, préférait ne rien prendre du tout; l'épreuve terminée, il courait au restaurant.

Nous ressentons un véritable regret — il en sera de même en 1912 et en 1913 — de ne pouvoir entrer dans le détail complet des épreuves orales. Les dates auxquelles elles eurent lieu, les questions sur lesquelles elles portèrent, les remarques sans doute aussi qu'elles suggérèrent étaient consignées dans un carnet qui doit être considéré comme perdu. Selon nous, Paul Fischer l'avait dans son sac lorsqu'il fut tué au combat de Monchy-au-Bois. Or, jusqu'ici, il a été impossible de savoir ce que ce sac, comme, hélas! les restes de celui qui le portait sont devenus.... Nous mentionnerons simplement « les affaires religieuses en France de 1789 à 1802 » (leçon d'une demi-heure) et « le gouvernement de Périclès » ($\frac{3}{4}$ d'heure), comme sujets traités en 1911 par l'étudiant aux jours déjà comptés.

Voici les candidats que le jury admit à prendre part aux

épreuves définitives : MM. Abensour, Alazard, Assada, Baticle, Bloch, Boucau, Bouygue, Bruneteau, Cain, Cavaillès, Chambon, Chardonnet, Charles-Dupuch, Cohen, Conte, Coville, Dunan, Fairise, Fribourg, Ganem, Gonnet, Lanson, Larnaude, Lasne, Lévêque, Mathis, Max, Perrin, Pouthas, Tron, Truchon, Valès, Vaucher.

Paul Fischer n'éprouva pas une bien grande déception d'un échec qu'en somme il avait prévu, et il en fut moins encore découragé. Rentré à la maison, il ne perdit pas une minute à maudire ses juges, mais, sans tarder, rangea ses notes, dont l'ordre avait été fortement troublé par la préparation rapide des derniers moments. Et le lendemain, ne se demandant point s'il était en vacances, ne pensant même pas à s'offrir un instant de délassement, se condamnant sans délai à une nouvelle année de meule, il se remettait activement au travail. Ce fut d'ailleurs l'une des moindres circonstances où il fit preuve d'énergie. Il a pu se trouver, que disons-nous? il s'est certainement trouvé des jeunes gens à divers égards mieux doués ; bien rarement par contre — le lecteur se plaira peut-être à le reconnaître par la suite — il a dû en exister dont le viril caractère se soit plus constamment affirmé.

Les dix-huit candidats qui finalement sortirent triomphants de la lice furent, par ordre de classement :

1. M. Perrin,

2. M. Pouthas,

3. M. Bloch,

   4. M. Cohen,
   5. M. Coville,
   6. M. Assada,
   7. M. Truchon,
   8. M. Lanson,
   9. M. Valès,
  10. M. Mathis,
  11. M. Gonnet,
  12. M. Fairise,
  13. M. Cain,
  14. M. Cavaillès,
  15. M. Lévêque,
  16. { M. Alazard,
         M. Dunan,
  18. M. Chambon.

Le programme du concours de 1912 avait paru très tôt. Paul Fischer commença le dépouillement des ouvrages se rapportant aux nouvelles questions qui s'y trouvaient incorporées. Il fréquenta la Bibliothèque nationale comme si septembre et octobre n'étaient pas des mois de repos; tout au plus s'accorda-t-il une après-midi, par-ci par-là, en plus des dimanches, pour parcourir les boulevards ou le bois de Boulogne. Il coupait généralement ses promenades par une station au Café Viennois, dans le premier cas, au Pavillon Chinois, dans le second. Était-ce pour demander à la fraîcheur d'un bock une certaine atténuation à la chaleur qui régnait alors, chaleur particulièrement pénible avec le cou pris, comme dans un carcan, dans l'un de ces immenses faux-cols dont la mode se répandait? Fort probablement, mais assis à la terrasse, il se plaisait surtout à suivre le va-et-vient des passants, et y berçait sa pensée au rythme de l'orchestre.

AGRÉGATION

(1911-1912)

Étant entré, au cours du précédent chapitre, dans de longs développements touchant le concours de l'agrégation et ses phases, nous signalerons seulement, pour l'année scolaire 1911-1912, les côtés par lesquels cette année se caractérisa particulièrement.

Nous indiquerons d'abord le programme, les cours auxquels Paul Fischer donna son attention, et les conférences auxquelles il prit part.

PROGRAMME

Histoire ancienne : 1. Les Mèdes et les Perses, des origines à la conquête d'Alexandre (334 av. J.-C.); — 2. La Grèce, des origines à fin des guerres médiques (479 av. J.-C.); — 3. Histoire intérieure et extérieure de l'empire romain, de l'avènement de Tibère à la mort de Commode.

Histoire du moyen âge : 1. La papauté, depuis le commencement du v° siècle jusqu'à l'avènement de Grégoire VII, expansion du christianisme pendant la même période; — 2. Histoire intérieure et extérieure de la France sous les Capétiens directs (987-1328); — l'Italie, du commencement du xv° siècle à 1559.

Histoire moderne et histoire contemporaine : 1. Histoire intérieure et extérieure de l'Angleterre, de 1603 à 1714; — 2. Histoire intérieure et extérieure de la France, de 1715 à 1789; — 3. Histoire intérieure et extérieure de la Prusse, de 1792 à 1871; — 4. Histoire intérieure de la France, de 1814 à 1875.

Géographie : 1. Géographie physique générale; — 2. La France; — 3. Le peuplement actuel de la terre : races, types de civilisation, répartition de la population, émigration, colonisation; 4. L'Afrique.

COURS

Lundi,   4 h.,   salle F, M. Antonin Debidour, Les questions religieuses en France au xviii° siècle.

Lundi,   4 h.,   salle 6, M. Holleaux, Histoire générale des Mèdes et des Perses, et relations des Perses et des Grecs jusqu'en 371.

Mardi,   2 h.,   salle C, M. Glotz, Histoire économique de la Grèce après les guerres médiques.

Mardi,   2 h.,   salle ..., M. Dubois, Géographie humaine : émigration et colonisation; — Sénégal, Soudan, Afrique S.-O.

Mercredi, 9 h.,   salle de géogr. coloniale,   M. Bernard, L'Afrique du Nord.

Jeudi,   5 h.,   salle C, M. Pfister, La papauté et les conversions depuis le commencement du v° siècle jusqu'à Grégoire VII.

Samedi,   10 h. ½, salle I, M. de Martonne, Géographie humaine : Europe centrale, Afrique; — géographie physique et humaine : Grands lacs, Abyssinie, Soudan Égyptien, Égypte.

Samedi,   2 h.,   salle I, M. Demangeon, Géographie humaine : peuplement, émigration, colonisation; — géographie physique et humaine : Afrique australe, bassin du Congo, Soudan (en partie).

Samedi,   4 h.,   salle 6, M. Holleaux, Même sujet que le lundi.

CONFÉRENCES

Lundi.	9 h..	salle I,	M. Diehl.
Mardi,	après-midi,	salle I,	M. Guignebert.
Mercredi,	2 h..	salle D,	M. Glotz.
Jeudi,	10 h. $\frac{1}{4}$.	salle de géogr.	M. de Martonne.
		ou salle des cartes,	
Jeudi,	2 h..	salle I,	M. Ch. Seignobos.
Jeudi,	2 h. $\frac{1}{2}$,	salle	M. Diehl.
Samedi,	9 h..	salle I,	M. Langlois.
Samedi,	9 h..	salle I.	M. Lot.
Samedi,	3 h.,	salle de géogr.	M. Demangeon.

Les conférences de MM. Langlois, Lot et Diehl en constituèrent réellement une seule. Elles n'existèrent pas à la fois, mais successivement. Au printemps, M. Langlois entreprit un voyage en Amérique, d'où M. Diehl, qui y avait été chargé d'une mission, allait bientôt revenir : M. Lot, dans l'intervalle, dirigea les exercices pratiques.

Adoptant une tactique absolument différente de celle de l'année précédente, Paul Fischer, en 1911-1912, suivit assidûment les conférences; il ne semble pas toutefois qu'il ait continué de fréquenter celle de M. Seignobos, quelque prix qu'il y attachât, lorsque M. Diehl eut ouvert la sienne. Voici un certain nombre de leçons qu'il entendit ou qu'il fit :

CONFÉRENCE DE M. DEMANGEON

6 janvier	1912, M. Glotz, Les ports français.
13 janvier	1912, M. Georges Huisman, La vigne en France.
27 janvier	1912, M. Beucler, Répartition de la population des Iles Britanniques.

8 février   1912, M. Ganem, Voies et moyens de communication
(un jeudi)   en Afrique.
10 février   1912, M. Jahan, La Champagne.
.. mars   1912, M. Jean Gateau, L'émigration asiatique.
20 avril   1912, M. Kauffmann, Les plaines du nord de la France
                     (étude physique).

CONFÉRENCE DE M. DIEHL

6 mai   1912, M. Boucau, Rome et Byzance (518-610).
13 mai   1912, M. Paul, La papauté et le monothélisme.
20 mai   1912, M. Kauffmann, Gouvernement de l'État ponti-
                     fical dans la seconde moitié du viii° siècle.
23 mai   1912, M. Pousse, Les arts à la cour des papes dans la
                     seconde moitié du xv° siècle.
3 juin   1912, M. d'Estournelles de Constant, Charlemagne et
                     la papauté.
13 juin   1912, Paul Fischer, Le pontificat de Léon X.

CONFÉRENCE DE M. GLOTZ

15 novembre 1911, M. Bonnet, Les Mèdes jusqu'à la conquête perse.
22 novembre 1911, M. d'Estournelles de Constant, Les guerres mé-
                     diques.
29 novembre 1911, Mme Pascal, Les Perses en Égypte.
29 novembre 1911, M. Conte, Les Perses et les Grecs après les
                     guerres médiques (jusqu'à la conquête ma-
                     cédonienne).
6 décembre 1911, M. Beucler, L'organisation de l'empire perse.
13 décembre 1911, M. Debidour, La religion perse.
20 décembre 1911, M. R. Glotz, Les fouilles en Perse.
20 décembre 1911, M. Huisman, L'art perse.
27 décembre 1911, M. Ganem, Tibère.
10 janvier 1912, M. Gateau, Claude.
16 janvier 1912, Paul Fischer, Néron.
17 janvier 1912, M. Pousse, Vespasien.
24 janvier 1912, M. R. Glotz, Trajan.
31 janvier 1912, Mme Pascal, Hadrien.

7 février 1912, Paul Fischer, le Sénat « aux deux premiers siècles de l'empire romain ». (*Il convient de compléter par ces huit derniers mots le titre des dix leçons suivantes et de celle que M. Conte fit en mai 1912.*)

7 février 1912, M. Thirion, Les magistrats romains.

14 février 1912, M. Brodu, L'armée romaine.

21 février 1912, M. Petit, La frontière du Danube.

28 février 1912, M. Pousse, Organisation de Rome et de l'Italie.

28 février 1912, M. Conte, La Bretagne.

6 mars 1912, M. Ganem, La Gaule.

13 mars 1912, M. Huisman, Les grandes réformes du droit romain.

13 mars 1912, M. Bonnet, Organisation provinciale et municipale de l'empire.

.. mars 1912, M. R. Glotz, Le commerce romain.

17 avril 1912, Paul Fischer, La religion impériale.

24 avril 1912, Mme Pascal, Pompéi.

1ᵉʳ mai 1912, M. Petit, Les ruines de Mycènes.

1ᵉʳ mai 1912, M. Lajusan, La famille grecque jusqu'à la fin du viᵉ siècle.

8 mai 1912, M. Huisman, Colonisation grecque.

22 mai 1912, M. R. Glotz, Institutions de Sparte.

29 mai 1912, Mme Pascal, Corinthe.

29 mai 1912, M. d'Estournelles de Constant, Athènes avant Solon.

.. mai 1912, M. Conte, L'art romain.

. mai 1912, M. Ganem, La Lydie.

CONFÉRENCE DE M. GUIGNEBERT

5 mars 1912, M. Huisman, Le culte des empereurs.

12 mars 1912, M. Andral, Religions orientales dans le monde romain.

19 mars 1912, M. Paul, Évolution philosophique aux deux premiers siècles.

30 avril 1912, M. Saumagne, Résistance de l'opinion au christianisme, aux deux premiers siècles.

14 mai   1912, M. Beucler, Ruine du judaïsme.
21 mai   1912, M. Brodu, Extension du christianisme.

Ces questions s'appliquaient, on le voit, à la partie religieuse du programme concernant l'histoire romaine. Afin de rompre aux difficultés de la matière les étudiants inscrits à sa conférence, M. Guignebert avait tenu à se charger personnellement des premières leçons :

16 janvier   1912, La religion romaine, de la fin de la république à la réforme d'Auguste.
23 janvier   1912, Le sentiment religieux sous Auguste.
30 janvier   1912, Le judaïsme au temps de la naissance de Jésus-Christ.
6 février   1912, Jésus a-t-il existé?
13 février   1912, Vie et enseignement de Jésus.

Un fait très particulier, et que, par conséquent, il convient de signaler : les leçons de M. Guignebert eurent les honneurs de la polycopie, réservée en principe pour les cours proprement dits; cette mesure exceptionnelle fut même étendue à celles de ses élèves, le maître, par une critique méticuleuse et savante — on sait quel soin, quelle conscience il apporte dans ses moindres travaux — les ayant fortement marquées de sa personnalité.

CONFÉRENCE DE M. LANGLOIS

2 décembre 1911, M. Jahan, Les écoles de Paris au XIIe siècle.

CONFÉRENCE DE M. LOT

.. avril   1912, M. Ganem, Origines du parlement de Paris, et fonctionnement jusqu'en 1328.

CONFÉRENCE DE M. DE MARTONNE

23 novembre 1911, M. Chouet, L'Auvergne.
30 novembre 1911, M. Kauffmann, Le climat et le relief.
14 décembre 1911, M. Renaud Les Causses.
21 décembre 1911, M. Conte, Peuplement des pays de mousson asiatiques.
13 janvier (un samedi) 1912, M. Aussière, Paris (la critique de cette leçon fut faite par M. Gallois, remplaçant son collègue empêché).
.. février   1912, Paul Fischer, La colonisation de l'Australie.
22 février   1912, M. Kauffmann, La Bretagne.
29 février   1912, M. Ritter, Ethnographie de l'empire austro-hongrois.
7 mars   1912, M. Jules Gobé, Les volcans.
.. mars   1912, M. Renaud, Les principaux types de peuplement et de civilisation en Océanie.
.. mars   1912, Paul Fischer, Ethnographie de la péninsule balkanique.
.. avril   1912, M. Pousse, Les types des régimes fluviaux.
.. mai   1912, M. d'Estournelles de Constant, Les Vosges.
.. mai   1912, M. Keller, Le bassin d'Aquitaine.

CONFÉRENCE DE M. SEIGNOBOS

16 novembre 1911, M. Gobé, Le règne de Jacques Ier.
23 novembre 1911, M. Pousse, Gouvernement de Charles Ier jusqu'en 1640.
7 décembre 1911, M. Gobé, La réaction après la mort du duc de Berry.
18 janvier 1912, Paul Fischer, La restauration [en Angleterre] de 1658 à 1660.

25 janvier	1912, M. Gateau, La politique extérieure anglaise de 1603 à 1654.
29 février	1912, Paul Fischer, Transformations des pratiques du Gouvernement et du Parlement en Angleterre de 1603 à 1714.
.. avril	1912, M. d'Estournelles de Constant, L'Irlande au XVIIᵉ siècle.
:. avril	1912, Paul Fischer, Le budget français de 1814 à 1875.

ÉQUIPE PRIVÉE

..	.. décembre	1911, M. Ganem, Tibère.
..	.. décembre	1911, M. Guébin, Le gouvernement de saint Louis.
Dimanche	28 janvier	1912, M. Ganem, L'art archaïque grec, du VIIIᵉ siècle à la fin du VIᵉ.
Vendredi	9 février	1912, M. Guébin, La religion grecque, des origines au VIᵉ siècle.
Vendredi	9 février	1912, Paul Fischer, La France et l'Angleterre, de 1740 à 1774.
..	.. ..	1912, Paul Fischer, La civilisation homérique.
Vendredi	1ᵉʳ mars	1912, M. Ganem, L'art roman.

Pour terminer, mentionnons une leçon entendue, en janvier 1912, à la conférence de M. G. Bloch : l'auteur en fut M. Boucau, et le sujet, Hadrien.

Vers la mi-avril, Paul Fischer demanda son inscription au prochain concours et songea à la revision de ses notes: Elles ne tardèrent donc pas à être soumises, les unes après les autres, à la rotation que nous avons décrite. Quelque longue que fût cette revision, elle n'exigea point cependant la somme d'efforts de 1911, plusieurs questions ayant alors été défrichées.

Le 5 mai, il se trouva, pour la première fois, appelé à prendre part à une élection. Il s'agissait de nommer un nouvel échevin. Pour qui voter? L'âpre rivalité des concurrents en présence suscitait, à cet égard, bien des perplexités. Paul Fischer n'en était plus, en effet, à ne considérer que l'étiquette sous laquelle un candidat se présente, ou plutôt est présenté par son comité. Il n'avait pas attendu l'âge de la majorité pour s'intéresser aux choses de la vie publique. Les précédentes élections lui en avaient fréquemment fourni l'occasion. Que de fois, en revenant du lycée, s'était-il arrêté devant les placards installés en face de la demeure paternelle, et y avait-il lu les élucubrations des candidats! Que de fois aussi, avec des condisciples dont la curiosité égalait la sienne, M. Geissé entre autres, s'était-il glissé, les soirs de vote, dans la salle de la justice de paix où s'opérait la centralisation des bulletins! Les propos qu'on entend là sont parfois fort édifiants. Il avait assisté à trop de dépouillements de scrutin, et constaté, au lendemain de ceux-ci, trop de glissements dans la réalisation des programmes, pour s'illusionner sur la valeur d'une profession de foi. Il se rendit à sa section sans le moindre entrain.

Deux autres intermèdes vinrent marquer le mois de juin : ce fut la session du diplôme d'études supérieures; ce fut une matinée à laquelle l'Opéra-Comique, pour satisfaire à l'une des clauses formelles du cahier des charges, convia les étudiants et les élèves des divers établissements universitaires de Paris.

Au nombre des futurs aspirants à l'agrégation qui obtinrent le diplôme se trouvèrent :

M. Calmette, — les carbonari en France sous la Restauration (1821-1830);

M. Marcel Cassagnau, — l'esprit public en Lot-et-Garonne pendant la Révolution;

M. Lemercier, — le manuscrit latin 1052 de la Bibliothèque nationale, contribution à l'histoire de la miniature parisienne au XIVe siècle;

M. Georges Reverdy, — les lettres Austrasiennes, traduction et commentaire de XLVIII lettres mérovingiennes dites *Epistolæ Austrasicæ*.

Quant à la matinée, elle eut lieu le dimanche 16 juin. Tout entier à ses travaux, Paul Fischer s'était jusqu'alors médiocrement intéressé au théâtre, ou plutôt aux représentations scéniques, car la littérature qui s'y rattachait tenait dans ses lectures, au contraire, une place prépondérante. Depuis un an surtout, peu de soirées s'écoulaient sans qu'il demandât à une comédie, à un drame, un instant de délassement : des productions, déjà vieillies parfois, des Augier, des Dumas fils, des Feuillet, des Gondinet, des Labiche, des Meilhac et Halévy, des Pailleron, des Sardou, il passait aux suppléments de l'*Illustration*, d'une inspiration plus moderne. Puis il n'était guère d'œuvres musicales jouées à Paris dont il n'eût, à la maison, entendu au moins les principaux motifs. Mais la pensée d'assister à la matinée de l'Opéra-Comique ne lui vint d'abord nullement. Il fallut toute l'insistance de son père pour le décider à demander une entrée au secrétaire de la Faculté. Le coupon qu'il reçut de M. Uri donnait droit à un fauteuil d'orchestre, situé au premier rang ou au deuxième. De cette place, il put voir et entendre à merveille *Maison à vendre* et *Orphée*, qui constituaient le programme. L'intrigue modeste d'Alexandre Duval — nous sommes sous le Consulat — ne lui déplut pas; de même, la musique sans prétentions et telle que l'aimaient nos pères, de Dalayrac; mais *Orphée* l'enchanta. Fut-il séduit par le jeu de Mlle Brohly et par le timbre si franc de sa voix? Eut-il principalement égard à la grandiose simplicité de la musique de Gluck, au style soutenu de la composition, aux profonds effets d'orchestration obtenus avec ce minimum d'instruments qui de nos jours déconcerte? Il revint en tout cas ravi de son après-midi, et déclara qu'après le concours il irait fréquemment au théâtre.

Or ce concours allait s'ouvrir sous peu, comme l'en avisait une convocation aux épreuves écrites datée du lendemain même de la matinée; elles auraient lieu le 2, le 3, le 5 et le 6 juillet, non plus, cette fois, à la Sorbonne, mais au lycée Louis-le-Grand, « entrée : 4, rue Cujas ».

La composition du jury s'était trouvée modifiée : à la suite du décès de M. Jalliffier, M. Diehl avait été élevé à la présidence, et M. Gallouédec, inspecteur général de l'Instruction publique, nommé vice-président; puis M. Édouard Driault, professeur au lycée de Versailles, avait succédé à M. Malet, et assumé les fonctions de secrétaire.

Les candidats eurent à traiter successivement les questions suivantes :

Histoire ancienne : la vie municipale dans l'empire romain au temps des Flaviens et des Antonins;

Histoire du moyen âge : Florence au temps de Laurent le Magnifique;

Histoire moderne : Choiseul;

Géographie : le Sahara, géographie physique et humaine.

Paul Fischer réussit dans ces compositions comme dans celles de l'année précédente; voici, d'ailleurs, la liste des sous-admissibles :

MM. Abensour, Arnaud, Aussière, Barrault, Beucler, Bonnet, Boucau, Bouillerot, Bourdon, Brodu, Bruneteau, Chardonnet, Chouet, Conte, Dutacq, d'Estournelles de Constant, Fischer, Fontanier, Ganem, Gateau, Genevray, Gros, Guédel, Hoden, Huisman, Keller, Lajusan, Larnaude, Lasne, Laurent, Loubet, Max, Pomot, Renaud, Renouvin, Rey, Robert, Schmitt, Taboulet, Thomas, Vallée, Vaucher.

Cette liste fut affichée le dimanche 28 juillet. Aussitôt M. d'Estournelles de Constant s'empara de Paul Fischer et l'entraîna chez lui, rue Guy de la Brosse, afin de revoir quelques questions pouvant faire l'objet des premières leçons. Cet excellent camarade était marié depuis fort peu de temps à une toute jeune femme : dix-huit printemps, moins peut-être. Possédant une sérieuse instruction, bonne musicienne, peignant à ses heures, elle était, de plus, réfractaire à la tristesse : « Si tu te maries, mon cher Fischer, choisis une femme gaie », disait fréquemment son mari. Il est de fait que Mme d'Estournelles de Constant savait ensoleiller, par le charme de son sourire, l'intérieur qu'elle avait créé. Elle apportait à son mari, les jours où il ne pouvait sortir, une aide extrêmement précieuse. Fallait-il consulter un livre dans une bibliothèque, y prendre des notes, elle s'y rendait aussitôt. S'agissait-il d'un travail plus difficile, elle l'entreprenait avec la même promptitude et la même intelligence. On la voyait assez souvent à la Sorbonne. Son esprit élevé la faisait en cela différer de ces jeunes filles qui, ayant entendu parler des rapins ou des carabins de Murger, se refusent absolument, dès le lendemain du mariage, à frayer avec les compagnons d'études de leur mari, quand elles ne l'amènent pas à rompre avec eux. Paul Fischer fut retenu à dîner. La chaleur était telle ce soir-là, que ses hôtes insistèrent pour qu'il quittât son veston de drap. Afin de le décider, Mme d'Estournelles de Constant apporta le haut d'un pyjama de son mari. Quelque léger que fût ce pyjama, il n'en était pas moins de la taille de la personne pour laquelle il avait été taillé; or il s'en fallait de plus d'un centimètre que Paul Fischer eût la stature de son ami : il se trouva littéralement perdu dans le vêtement. Des épingles tinrent les manches retroussées jusqu'aux coudes, mais l'invité demeurait si drôle encore sous l'accoutrement, que Mme d'Estournelles de Constant se saisit furtivement de sa palette, et, sur le coin d'un panneau, le prit en pochade : il est représenté de profil, dans l'attitude de la lecture.

En rentrant chez lui, Paul Fischer décacheta une lettre du président du jury, qui l'invitait à se trouver à l'amphithéâtre Turgot le mercredi 31 juillet, à 7 heures du matin, pour l'ouverture des épreuves orales. Le tirage au sort ayant donné L comme lettre initiale, il se garda bien de déférer à cette invitation : il utiliserait infiniment mieux son temps, pensa-t-il, en revoyant à la maison, un certain nombre encore de questions. Pour la même raison, son amphitryon de la veille resta non moins résolument au logis; mais, se dévouant, Mme d'Estournelles de Constant alla entendre quelques leçons, afin de faire rayer de la liste des pronostics les sujets sortis de l'urne.

Voici quatre des questions développées dans les deux premières journées :

MERCREDI 31 JUILLET

M. Lajusan, politique extérieure de Louis XV en Europe (1715-1748).

M. Laurent, la deuxième guerre médique.

M. Renaud, l'Université de Paris, des origines à la fin du XIIIe siècle.

JEUDI 1er AOUT

M. Abensour, la société noble en France à la fin du XIIe siècle et au début du XIIIe.

Le lendemain, M. d'Estournelles de Constant, qui ouvrait la série des candidats dont le nom commençait par un B

(Balluet d'Estournelles de Constant de Rebecque), discourait devant le jury sur la peinture française au XVIIIe siècle ; parmi les autres leçons de la journée figurèrent les suivantes :

M. Beucler, le protectorat de Cromwell ;
M. Bonnet, Marc-Aurèle ;
M. Boucau, l'art perse.

Le samedi 4 août, ce fut le tour de Paul Fischer ; il eut comme question l'art roman.

Vinrent les leçons de trois quarts d'heure ; en voici deux du jeudi 8 :

M. Aussière, les réformes religieuses et morales d'Auguste ;
M. d'Estournelles de Constant, les grandes céréales de la zone tempérée.

Quant à Paul Fischer, il tira comme sujet Catherine II, et le traita le samedi 10 août.

La liste des grands admissibles parut peu après ; y figurèrent :

MM. Abensour, Arnaud, Aussière, Barrault, Beucler, Bonnet, Boucau, Bruneteau, Chardonnet, Chouet, Conte, d'Estournelles de Constant, Fontanier, Ganem, Genevray, Gros, Guédel, Hoden, Huisman, Lajusan, Larnaude, Lasne, Loubet, Max, Renaud, Renouvin, Rey, Vallée, Vaucher.

Si Paul Fischer s'attendait à échouer en 1911, il n'en était pas du tout ainsi en 1912 : sa participation aux épreuves lui avait paru de nature, sans le mettre en évidence, à lui assurer du moins la grande admissibilité. Et c'était aussi l'avis de ses camarades, y compris ceux qui, un an auparavant, l'avaient prémuni contre toute espèce d'illusions. A la déception éprouvée se joignit une troublante surprise, lorsqu'il eut fait le compte des grands admissibles : 29 seulement, au lieu de 33 comme précédemment. Or il était classé 30e, *ex æquo* avec un concurrent de province! Que signifiait cet ostracisme? Il voulut en avoir le cœur net. Un candidat malheureux peut recevoir communication de ses notes, et même connaître, dans une entrevue où règne une indéniable franchise, l'impression générale des membres du jury. Ceux-ci ont horreur des candidats perpétuels, et du reste considèrent comme un devoir de décourager des tentatives qu'ils savent d'avance vouées à l'insuccès. Paul Fischer demanda donc s'il devait, oui ou non, se présenter une fois encore au concours. Grand, à cette question, fut l'étonnement des jurés! Mais aucun ne doutait qu'il ne fût admis à bref delai. Comme il était impatient! Il n'avait que 22 ans en somme. Etc., etc. L'un d'eux ajouta même qu'il n'était devenu agrégé qu'à 25.

Paul Fischer fit alors contre fortune bon cœur, classa, sans désemparer, des papiers dont le volume avait doublé depuis 1911, et s'apprêta virilement à le tripler par une nouvelle année de labeur. Il aborda l'examen des questions introduites dans le programme de 1913, mais sans négliger, pour cela, ceux de ses camarades qui, en leur attitude à l'amphithéâtre Turgot, étaient, aux années près, une sorte de réplique vivante de ce maître du moyen âge qu'Edouard Toudouze y a peint enseignant sur une place publique. Du reste la liste définitive ne tarda pas à paraître ; les nouveaux agrégés furent :

1. M. Arnaud,
2. M. Ganem,
3. M. Chardonnet,
4. M. Boucau,
5. M. Renaud,
6. M. Huisman,
7. M. Larnaude,
8. M. Chouet,
9. M. Fontanier,
10. M. Max,
11. M. Renouvin,
12. { M. Abensour,
{ M. Conte,
14. { M. Bruneteau,
{ M. Loubet,
16. M. Aussière,
17. M. Hoden,
18. M. Vaucher.

Aussitôt, mais sans déserter la Bibliothèque nationale, Paul Fischer reprit ses promenades sur les boulevards et au Bois. Les cartes postales qu'il recevait de camarades en voyage, même celles de M. Gateau lui vantant les beautés de la mer scandinave, étaient impuissantes à lui faire quitter une ville dont l'animation lui eût manqué. Au reste l'heure était venue de réaliser le dessein conçu après la représentation d'*Orphée*. Il se mit donc à fréquenter les théâtres. Nous allons être en mesure d'indiquer toutes les représentations auxquelles il assista depuis cette époque — nous aurions même pu donner la distribution intégrale des rôles —, car nous réussîmes, mais non sans quelque pression sur sa volonté, à en garder note d'une manière très régulière. Nous tenions à lui assurer ainsi, pour plus tard, une source d'heureux souvenirs. Et pour l'amener à ne pas contrarier nos projets — le destin ne les déjouerait que trop —, nous lui avions rappelé la gêne singulière dans laquelle, faute d'avoir été aussi ponctuel, celui même qui les formait s'était trouvé, lorsqu'il avait entrepris de relater, au bout de trente ans, il est vrai, et en puisant exclusivement dans ses sources personnelles, une simple décade de la vie théâtrale parisienne. Malheureusement, comptant sans doute que, le moment venu, son excellente mémoire ne le trahirait pas dans le détail, le fils a réduit le père à un pur jalonnement, nous voulons dire à une stricte nomenclature. De retour à la maison, il communiquait assurément ses impressions, mais, sauf sur quelques points dont nous croyons être absolument certain, nous nous garderons de les signaler, le domaine de l'art, et les manifestations scéniques en relèvent au premier chef, étant un de ceux, à notre avis du moins, où les souvenirs se déforment le plus aisément. Or si sommaire déjà que puisse être cette nomenclature, nous serons, faute d'espace, contraint de la réduire encore. Nous en extrairons seulement les indications pouvant servir de points de repère à ses amis pour se remémorer les soirées qu'ils passèrent avec lui, car il aimait fort à aller au spectacle en leur compagnie, et nous ne croyons pas trop nous avancer en disant que le plaisir était partagé. Mais toutes simples que seront ces indications, elles ne laisseront pas parfois, et pour une bagatelle, de provoquer quelque hésitation de notre part. Cette hésitation, qui aussi bien n'aura rien de neuf pour nous, se manifestera lorsqu'il s'agira d'inscrire « Mme » ou « Mlle » devant le nom d'une actrice citée isolément. Dans le *monde des théâtres*, l'état civil est le moindre régulateur de ces désignations. Si certaines personnes y deviennent dames par le seul effet de l'âge, du caprice, d'une situation particulière, de très authentiques épousées, par contre, n'entendent nullement sacrifier sur l'autel conjugal un nom que le succès a déjà consacré, et, pour le public, elles restent imperturbablement demoiselles; il en est aussi qui reprennent ce nom, dans sa virginité première, lorsque le flambeau de l'hyménée a jeté tous ses feux, et nous avons vu la cire en fondre bien vite parfois à l'atmosphère surchauffée des coulisses. De là ces divergences d'appellation que l'on peut relever d'un critique à l'autre, ou encore, sous la plume du même chroniqueur, d'une semaine à la suivante, divergences dont les affiches ne sont du reste pas plus exemptes que les recueils d'adresses mondaines. Comme il faudra pourtant nous décider dans tel ou tel sens — les noms n'offriront pas toujours l'expédient du groupement, ainsi qu'à la Comédie-Française, où, dans ce cas, il n'y a que des dames, ou ainsi qu'à l'Opéra, dont l'affiche au contraire n'en révèle jamais une seule dans le corps de ballet —, nous nous réglerons, si on le veut bien, sur l'usage qui était généralement suivi en 1913, aux approches de la clôture annuelle, c'est-à-dire au moment où Paul Fischer eut largement vu la majorité des actrices figurant dans les pièces auxquelles il assista. Dans ce recul, notre mémoire nous servira-t-elle fidèlement? ne franchira-t-elle point la date assignée? ne s'arrêtera-t-elle pas en deçà? Afin de nous en rendre compte, nous venons de feuilleter les *Annales du théâtre et de la musique* de l'époque : nous avons constaté que nous serons presque constamment d'accord avec M. Stoullig. C'est dire, puisqu'il a été question de la Comédie-Française, que nous le serons à un bien moindre degré avec M. Joannidès, en ce qui touche du moins les indications portées dans sa liste des rôles joués pour la première fois en 1913 ou dans sa table générale. Travaillant sur les documents positifs de l'administration, empruntant momentanément la plume de l'officier de l'état civil, ce consciencieux auteur ne pouvait voir assurément que des demoiselles en Mmes Bartet et Pierson, et des dames en Mlles Dussane, Piérat et Robinne.

Voici une première liste; elle comprend les représentations jusqu'à la fin des vacances de 1912 :

AOUT

Vendredi 3o, Vaudeville, *le Dindon*, de Georges Feydeau (Diamand. Colombey, Mmes Betty Daussmond, Lambell).

SEPTEMBRE

Lundi 2, Opéra-Comique, *les Contes d'Hoffmann* (Francell, Périer, Mmes Nelly Martyl, Nicot-Vauchelet).

Vendredi 6, Opéra, *Faust* (Muratore, Marvini, Mlle Yvonne Gall, — ballet : Mlle Meunier).

Mercredi 18, Palais-Royal, *le Petit Café*, de Tristan Bernard (Le Gallo, Clément, Mmes Lavigne, Maëlec).

Lundi 23, Opéra, *Sigurd* (Franz, Mmes Le Senne, Laute-Brun).

Vendredi 27, Opéra-Comique, *Mme Butterfly* (Francell, Périer, Mmes Marguerite Carré, Brohly).

Lundi 30, Opéra, *Lohengrin* (Franz, Mme Kousnetzoff).

OCTOBRE

Vendredi 4, Opéra, *Salomé*, mus. de Richard Strauss (Muratore, Dufranne, Mmes Mary Garden, Le Senne); = *les Deux Pigeons*, ballet d'André Messager (Mlles Zambelli, Aïda Boni, Meunier); = *les Bacchantes*, ballet d'Alfred Bruneau (Mlle Boni).

Mercredi 9, Athénée, *le Cœur dispose*, de Francis de Croisset (Brûlé, Guyon fils, Mlle Yvonne de Bray).

Mercredi 16, Théâtre Réjane, *la Princesse et le Porcher*, de Mme Jacques Terni, mus. de Henry Février; = *les Yeux ouverts*, de Camille Oudinot (Lugné-Poë, Capellani, Mlle Polaire).

Dimanche 20, Opéra-Comique, *Carmen* (Salignac, Vigneau, Mmes Marthe Chenal, Vallin).

Mercredi 23, Opéra, *les Maîtres Chanteurs de Nuremberg* (Franz, Delmas, Mlle Gall).

Mardi 29, Comédie-Française, *Primerose*, de G.-A. de Caillavet et R. de Flers (Bernard, Grand, Croué, Mmes Leconte, Pierson, Berthe Bovy).

Jeudi 31, Opéra-Comique, *la Danseuse de Pompéi*, mus. de Jean Nouguès (Francell, Vieuille. Boulogne, Mme Carré).

Le Dindon et *le Petit Café* amusèrent Paul Fischer; *Primerose* l'intéressa; *Faust* l'aurait satisfait davantage si plusieurs motifs, où le compositeur crut devoir sacrifier à certains goûts attardés de l'époque, n'étaient venus en rompre l'unité d'inspiration; *Sigurd*, d'une trame plus homogène, d'une facture plus indépendante, lui convint bien autrement; *Lohengrin* lui plut aussi, comme du reste *les Maîtres Chanteurs; la Danseuse de Pompéi* lui sembla par contre interminable, mais *les Contes d'Hoffmann* et *les Deux Pigeons* le charmèrent. Désormais, quand il analyserait un ouvrage historique, la plume ne suivrait plus seulement la mesure d'airs cent fois fredonnés déjà, fût-ce celui de « J'ai perdu mon Eurydice »; elle prendrait également le rythme de « La Valkyrie est ta conquête », de « Belle nuit... », d' « Elle a fui, la tourterelle », de « C'est une chanson d'amour », ou d'un pas des *Deux Pigeons*.

Artistes dont le jeu, la diction, le chant ou la danse lui plurent : Brûlé et Mlle Yvonne de Bray, à l'Athénée; Bernard et Mme Pierson, à la Comédie Française; Franz et Mlle Aïda Boni, à l'Opéra; Mlle Nelly Martyl, à l'Opéra-Comique. Hors des *rôles marqués*, il exigeait, chez les femmes, la beauté autant que le talent, non la beauté classique dont la Grèce a consacré les lignes, mais la beauté parisienne où le charme du visage s'éclaire d'un rayon d'élégance. Peut-être cela l'empêcha-t-il d'apprécier à leur valeur les qualités intrinsèques de telle ou telle actrice.

AGRÉGATION

(1912-1913)

Bien que, d'une manière générale, l'année 1912-1913 n'ait guère été qu'une répétition de sa devancière, il faut une fois encore, mais ce sera la dernière, que nous indiquions le programme des concours, les cours auxquels Paul Fischer s'intéressa, les conférences qu'il suivit.

PROGRAMME

Histoire ancienne : 1. L'Égypte, des origines à la conquête romaine ; — 2. La Grèce, de la fin des guerres médiques à la fin de la guerre du Péloponèse ; — 3. Histoire intérieure et extérieure de l'empire romain, de l'avènement d'Auguste à la mort de Commode.

Histoire du moyen âge : 1. La France, l'Italie et l'Allemagne, de 751 à 987 ; — 2. Les croisades, les établissements latins en Orient jusqu'à la fin du xiv* siècle (États latins de Syrie, empire latin de Constantinople, principauté d'Achaïe, royaume de Chypre) ; — 3. L'Italie, du commencement du xve siècle à 1559.

Histoire moderne et histoire contemporaine : 1. Histoire intérieure et extérieure de l'Espagne, de 1598 à 1700 ; — 2. Histoire intérieure et extérieure de la France au xviii* siècle, de 1715 à 1800 ; — 3. Histoire intérieure et extérieure de l'Autriche, de 1789 à 1878 ; — 4. Histoire intérieure de l'Angleterre sous le règne de Victoria.

Géographie : 1. Géographie physique générale; — 2. Répartition de la population, site et conditions naturelles des villes; — 3. La France; — 4. L'Europe septentrionale et orientale : Iles Britanniques, Danemark, Suède, Norvège, Finlande, Russie; — 5. L'Asie russe, l'Asie centrale, l'Asie antérieure.

COURS

Lundi, 9 h., salle I, M. Diehl, Les croisades et les établissements latins d'Orient.

Lundi, 10 h., salle B, M. Grébaut, Histoire des dynasties égyptiennes.

Lundi, 5 h., salle 6, M. Holleaux, Les institutions d'Athènes sous la démocratie; — sources de l'histoire ptolémaïque.

Mardi, 2 h., salle C, M. Glotz, Les institutions d'Athènes au v⁰ siècle.

Mercredi, 10 h. ½, salle B, M. Grébaut, Suite du cours du lundi.

Mercredi, 2 h. ½, amph. M. Diehl, Venise et l'Orient.
Descartes,

Jeudi, . . . , . . . , M. Émile Bertaux, L'art italien aux xv⁰ et xvi⁰ siècles, l'art espagnol au xvii⁰.

Vendredi, 2 h., amph. M. Pfister, Charlemagne.
Turgot,

Vendredi, 2 h., salle I, M. Demangeon, Questions de géographie générale, physique et humaine.

Samedi, 9 h., salle I, M. Edouard Jordan, L'Italie au xv⁰ siècle.

Samedi, 10 h. ½, salle I, M. de Martonne, Asie mineure, Arménie, Syrie, Mésopotamie, Iran, Turkestan, Asie centrale, Sibérie.

Samedi, 2 h., salle I, M. Demangeon, Géographie physique et humaine de la Russie, de la Scandinavie et de l'Angleterre.

Les trois cours de MM. Grébaut et Pfister, comme celui

professé le mercredi par M. Diehl, étaient ouverts au public.

CONFÉRENCES

Lundi,   11 h.,   salle 6,   M. Holleaux.
Lundi,   2 h. ½,   salle I,   M. Diehl.
Mercredi,   1 h. ½,   salle D,   M. Glotz.
Jeudi,   2 h.,   salle I,   M. Seignobos.
Vendredi,   9 h. ½,   salle E,   M. Aulard.
Samedi,   8 h. ½,   salle I,   M. Langlois.
Samedi,   3 h.,   salle   M. Demangeon.
                       de géogr.,

Dès le début de l'année scolaire, Paul Fischer s'occupa de constituer un nouveau groupe pour des exercices pratiques supplémentaires. MM. Brodu, Gateau, Gobé, Kauffmann répondirent à son appel. Il ne négligea rien, jusqu'au concours, pour que la collaboration fût féconde, et, en plus d'une occasion, elle s'étendit à l'analyse d'ouvrages historiques.

Quelques leçons faites de novembre 1912 à juin 1913 :

CONFÉRENCE DE M. AULARD

22 novembre 1912, M. Grandjean, Les philosophes et l'opinion au xviii° siècle.

29 novembre 1912, M. Lemercier, Tentatives pour réformer l'ancien régime sous Louis XVI.

6 décembre 1912, Paul Fischer, La politique du parlement de Paris au xviii° siècle.

20 décembre 1912, M. Gorceix, L'alliance autrichienne sous Louis XV et Louis XII.

7 février	1913, M. Cassagnau, La France et la Prusse, de 1789 à 1795.
14 février	1913, M. Mandon, Politique religieuse de la Constituante.
7 mars	1913, M. Grandjean, Danton et les Dantonistes.
11 avril	1913, M. Thirion, Politique extérieure du second comité de salut public (juillet 1793-juillet 1794).
18 avril	1913, M. Gorceix, La démocratie sous la Convention.
2 mai	1913, Paul Fischer, Les grandes lignes de la politique extérieure du Directoire.

Depuis qu'il dirige des exercices d'agrégation, M. Aulard a vu bien des élèves se succéder à sa conférence, il a pris bien des notes pendant qu'ils parlaient : toutes ont été conservées. Elles sont dans son cabinet de travail, sur un rayon à portée de la main, et parfaitement classées à leurs dates, dans des serre-fiches dont la teinte vive cède insensiblement à l'action du temps. Au cours d'une visite que nous lui avons rendue, afin de contrôler les indications que nous possédions relativement à sa conférence, il a bien voulu nous faire connaître le jugement qu'il avait porté sur Paul Fischer, le jour où ce nouvel élève s'était essayé devant lui. La lecture de cette partie de ses notes n'a pas été tellement rapide que notre crayon n'ait pu la suivre, au début tout au moins. Voici le passage que nous avons ainsi transcrit; les étudiants qui assistaient à la leçon du 6 décembre y reverront, une minute durant, le camarade disparu : « Sujet bien amené et posé. Voix bien timbrée. Diction nette. De l'autorité. C'est intéressant. Gestes très rares : garde ses deux mains jointes au niveau de la table; cependant on n'a pas trop l'impression de froideur, ni même d'immobilité. Intelligent. Marque bien le caractère conservateur de la politique du parlement... ». Plan, fond, exposition, ton, attitude, rien n'échappe à M. Aulard. Quel regret vraiment que le caractère même des notes qu'il a prises avec tant de soin, s'oppose, en principe, à leur publication! L'anthropométrie intellectuelle de nos jeunes historiens s'y trouve tout entière.

CONFÉRENCE DE M. DEMANGEON

23 novembre 1912, M. Kauffmann, Le Danemark.
3o novembre 1912, M. Paul, Les villes du Rhin.
14 décembre 1912, M. Laurent, Provinces baltiques.
21 décembre 1912, M. Croix, Climat, flore, faune et population des régions arctiques.
28 décembre 1912, Paul Fischer, La colonisation russe en Asie.
11 janvier 1913, M. Jahan, Industries lorraines.
18 janvier 1913, M. Keller, Bassin de Paris (étude physique).
1ᵉʳ février 1913, M. Andral, Christiania, Stockholm, Copenhague.
8 février 1913, M. Bonnet, Saint-Pétersbourg et Moscou.
15 février 1913, M. Reverdy, La Finlande.
22 février 1913, M. Pousse, Les steppes.
1ᵉʳ mars 1913, M. Cassagnau, Quercy et Périgord.
8 mars 1913, M. d'Estournelles de Constant, Le Caucase.
15 mars 1913, M. Lemarec, La navigation intérieure en France.
5 avril 1913, M. Brodu, Le fer et la houille dans la Grande-Bretagne.
12 avril 1913, M. Martinet, Courants marins.

CONFÉRENCE DE M. DIEHL

25 novembre 1912, M. Paul, Pépin le Bref et la papauté.
2 décembre 1912, Paul Fischer, Saint Boniface.

9 décembre 1912, M. Luthard, Formation et administration de l'État pontifical dans la seconde moitié du VIIIe siècle.

16 décembre 1912, M. d'Estournelles de Constant, Charlemagne et la Germanie.

6 janvier 1913, M. Kauffmann, Le pouvoir royal sous Charlemagne.

20 janvier 1913, M. Jahan, Renaissance carolingienne.

24 février 1913, M. Brodu, Louis le Germanique.

3 mars 1913, M. Keller, Incursions normandes aux IXe et Xe siècles.

10 mars 1913, M. Calmette, La France féodale au Xe siècle.

17 mars 1913, M. Lhéritier, L'archevêché de Reims au Xe siècle.

14 avril 1913, M. Paul, Causes des croisades.

16 juin 1913, Paul Fischer, Résultats généraux des croisades.

CONFÉRENCE DE M. GLOTZ

20 novembre 1912, M. Gorceix, L'empire memphite.

27 novembre 1912, M. Gateau, L'empire thébain, de la XIe à la XVe dynastie.

27 novembre 1912, M. Cassagnau. Les Hyksos et la XVIIIe dynastie.

4 décembre 1912, M. Lhéritier, Perses et Grecs en Égypte jusqu'à la conquête d'Alexandre.

11 décembre 1912, Paul Fischer, La religion égyptienne.

18 décembre 1912, M. Pousse, L'art égyptien.

8 janvier 1913, M. Bonnet, Règnes de Ptolémée Ier Soter et de Ptolémée II Philadelphe.

8 janvier 1913, Mme Pascal, Les ruines de Thèbes.

15 janvier 1913, M. Martinet, Institutions militaires sous les Lagides.

15 janvier 1913, M. Luthard, L'Égypte et les Romains.

22 janvier 1913, M. Laurent, Administration locale et vie municipale sous les Lagides.

22 janvier 1913, M. d'Estournelles de Constant, Alexandrie.

29 janvier 1913, M. Mandon, Royauté lagide.

29 janvier 1913, M. Reverdy, Régime économique et financier sous les Lagides.

5 février 1913, Mme Pascal. Sciences et lettres sous les Lagides.

19 février	1913, Mlle Pomel, L'art sous les Lagides.
12 mars	1913, M. Martinet, La colonisation athénienne au vᵉ siècle.
12 mars	1913, M. Mandon, Empire athénien (454-404).
.. mars	1913, M. Pousse, Sparte et ligue du Péloponèse (480-fin du vᵉ siècle.
16 avril	1913, M. Lhéritier, Parti oligarchique à Athènes au vᵉ siècle.
16 avril	1913, M. Bonnet, Périclès.
23 avril	1913, M. Luthard, L'Acropole.

CONFÉRENCE DE M. HOLLEAUX

25 novembre	1912, M. Brodu, Établissements grecs en Égypte.
.. ...	.. M. Martinet, Politique extérieure des quatre premiers Lagides.
.. ...	.. M. Paul, Question d'Orient au iiiᵉ siècle.
.. ...	.. M. Brodu, Rome et l'Égypte.

CONFÉRENCE DE M. LANGLOIS

30 novembre	1912, M. Petit, Formation de l'empire carolingien.
7 décembre	1912, Paul Fischer, La dynastie carolingienne et l'Église.
14 décembre	1912, M. Pousse, Gouvernement de Charlemagne.
.. janvier	1913, M. Paul, Démembrement de l'empire carolingien de 888 à 987.
15 février	1913, M. Paul, L'Italie, de 843 à 987.
.. février	1913, M. Cuzin, Les Normands.
8 mars	1913, M. Luthard, Ordres militaires.

●

Un peu avant Pâques, M. Langlois fut nommé directeur des Archives nationales. Assurément c'était un choix excellent, mais, pour la Faculté des lettres, la perte était extrêmement sensible. Paul Fischer se vit chargé des adieux : il adressa les félicitations de l'équipe à l'érudit appelé à de si importantes fonctions, ses regrets au pro-

fesseur dont la profonde expérience manquerait désormais
à la Sorbonne.

CONFÉRENCE DE M. SEIGNOBOS

1912 ou 1913, M. Pousse, Politique autrichienne de 1792 à 1796.
1912 ou 1913, M. Gobé (?), Politique intérieure et extérieure sous
      Philippe III et le duc de Lerme (1598-1621).
1912 ou 1913, M. Brodu, L'Autriche, de 1814 à 1823.

ÉQUIPE PRIVÉE

Lundi	25 novembre	1912, Paul Fischer, L'empire athénien au v* siècle.
Lundi	2 décembre	1912, M. Gobé, Turgot.
Lundi	2 décembre	1912, M. Kauffmann, Guerre du Péloponèse.
Lundi	9 décembre	1912, Paul Fischer, Les finances françaises, de 1715 à 1789.
Lundi	16 décembre	1912, M. Kauffmann, Necker.
Lundi	13 janvier	1913, Paul Fischer, La France et l'Autriche sous les règnes de Louis XV et de Louis XVI.
Mercredi	15 février	1913, Paul Fischer, Venise, du commencement du xv* siècle à 1559.
Mercredi	16 juillet	1913, Paul Fischer, L'art égyptien.
Samedi	19 juillet	1913, M. Gobé, Les lettres et les arts en Espagne, de 1598 à 1700.
Samedi	19 juillet	1913, Paul Fischer, Les grandes réformes démocratiques en Anglèterre au xix* siècle.
Samedi	19 juillet	1913, M. Brodu, Politique extérieure de la France, de 1789 à 1795.
Mardi	22 juillet	1913, Paul Fischer, L'Autriche et l'Allemagne, de 1815 à 1866.

Quoique très chargée encore, l'année 1912-1913 ne
réclama toutefois de Paul Fischer, du moins pendant les

cinq premiers mois, qu'un labeur inférieur à celui de la précédente, qui, à cet égard déjà, l'on s'en souvient, avait été avantagée par rapport à 1910-1911. Cela se vit à la facilité avec laquelle il put consacrer au théâtre des soirées jusqu'alors à peu près remplies par le travail.

Deux excursions à Versailles, dont une en compagnie de M. Viaux, vinrent clore cette période de repos relatif. Pour s'éloigner ainsi, coup sur coup, de ce Paris hors duquel il se sentait en quelque sorte défaillir, il devait être sérieusement attiré par le palais du grand roi, par les jardins, par le parc, sans doute aussi par les Trianons. Nous ne pensons pas toutefois que, dans le musée même, à part quelques sujets traités avec originalité, il se soit longtemps arrêté devant les tableaux historiques qui y foisonnent. Ses goûts en matière de peinture présentaient un parallélisme frappant avec ceux qu'il professait concernant la musique : le nouveau le séduisait, et si, en raison d'efforts artistiques incontestables, l'ancien forçait son respect, et souvent même son admiration, le moderne, quand des règles ou des usages étroits venaient en paralyser l'initiative, l'intéressait médiocrement. A cent ans de distance, Gluck et Reyer avaient également réussi à lui plaire, on l'a vu plus haut; mais il avait été loin d'en être ainsi de Gounod, touchant du moins son œuvre la plus populaire : si les auteurs de *Faust* et de *Sigurd* étaient de la même époque, leurs tendances ne l'étaient point. Des chefs-d'œuvre de Léonard de Vinci, de Rubens, de Murillo, il passait, sans trop s'attarder aux peintures intermédiaires, bien qu'il ne méconnût, certes, en aucune façon, le talent dépensé dans nombre d'entre elles, à ces toiles largement brossées où l'artiste cherche à interpréter son sujet infiniment plus qu'à le rendre : une robe de bal dont on pouvait compter les perles ou les paillettes, était loin d'être, à ses yeux, le dernier mot de l'art. Il ne manquait pas d'aller aux divers salons qui s'ouvrent chaque année; il ne faisait fi d'aucun : l'*Humoristique* recevait sa visite.

Avec la mi-avril arriva la date d'inscription au concours. Le jury s'était trouvé de nouveau remanié : M. Gallouédec avait été remplacé par M. André Coville, inspecteur général de l'Instruction publique, et M. Carcopino, par un professeur du lycée Lakanal, M. Jardé, désigné comme secrétaire. Paul Fischer, cette fois, entendait passer à tout prix, et, à partir de ce moment, il ne ménagea ni son temps ni sa peine. Aucune minute ne fut perdue. Allait-il au théâtre, le lendemain, par compensation, il se levait dès quatre heures du matin.

Quelque temps avant les épreuves de l'agrégation, le troisième étage du corps de bâtiment desservi par l'escalier C prit un aspect lugubre. Personne, ou presque plus personne, aux abords de la bibliothèque Albert Dumont. Tel ou tel livre y manquait! Des étudiants, au lieu de limiter leurs emprunts à la période accoutumée, n'avaient-ils vu, à cette époque avancée de l'année scolaire, aucun inconvénient à garder plus longtemps des volumes? Mystère. Une affiche apposée dans l'escalier notifia aux habitués que la salle demeurerait fermée tant que cet état de choses durerait. Adieu, l'animation d'antan! Jusqu'alors, en effet, on n'était pas venu là seulement pour lire un ouvrage, mais aussi pour achever, avant une leçon ou parfois entre deux, le travail commencé à la maison; on s'y rencontrait, on y causait, on y était chez soi.

Où se réunir désormais? Le choix n'existait guère. Dans la pièce à côté prenant jour sur la cour d'honneur, pièce où des équipes privées faisaient leurs leçons? Le local eut peu de succès. La petite salle de travail donnant sur la rue de la Sorbonne n'en obtint pas beaucoup plus. On y vint le moins possible; il fallait une occasion : quelques polycopies de cours, par exemple, à prélever sur le tas voisin de la fenêtre.

Un jour, pourtant, on vit chacun s'y rendre par devoir Une liste de souscription placée en évidence recevait le nom de l'arrivant et le chiffre de sa cotisation. Il s'agissait de déposer une couronne sur le cercueil de M. d'Estournelles de Constant. Ce camarade si sympathique était décédé le 11 juin. Sa santé, qui depuis un certain temps déjà n'avait pas laissé d'être assez délicate, s'était trouvée, un peu après les vacances de Pâques, fortement ébranlée. A voir sa superbe prestance et son entrain continu, personne vraiment, hors les intimes, ne s'en serait douté. Lui-même s'illusionnait sur son état : il se plaignait de maux d'estomac tenaces, rebelles à tout médicament; en réalité, c'était autrement sérieux; il avait le foie atteint, profondément atteint. La marche de la maladie ne tarda pas à le contraindre de s'aliter : « On m'emportera au concours sur un brancard, mais j'y prendrai part », déclara-t-il aussitôt, sans s'arrêter à ses souffrances. Énergie très caractéristique, bien digne d'ailleurs de la ferme devise *In arduis constans*, mais condamnée pourtant à demeurer stérile. L'intervention du chirurgien fut jugée indispensable, et, conscient enfin de la gravité de son état, il se prépara avec stoïcisme à un dénouement qu'à partir de ce moment il pressentit distinctement. C'est bien sans illusions qu'il se rendit à l'établissement où l'opération devait être tentée; il comprit alors qu'il ne remonterait plus jamais l'escalier qu'il venait de descendre : il ne le cacha point, paraît-il, à la concierge de sa maison, qui, sur le pas de la porte, s'empressait auprès de lui et cherchait à le persuader du contraire. Dès que la funèbre nouvelle fut connue, Paul Fischer accourut à cet établissement, espérant qu'il pourrait y contempler une dernière fois les traits de celui qui avait été pour lui plus qu'un camarade : démarche inutile, la famille seule avait accès auprès du corps. Il put, du moins, assister aux obsèques, et, pendant la cérémonie, sa pensée meurtrie flotta entre la vivante image de l'ami si tôt perdu et l'âpre réalisme de l'inscription qui surmonte le cadran solaire de la Sorbonne, de cette Sorbonne où ils s'étaient connus et appréciés : *Sicut umbra dies nostri.* Après le service, les restes de M. d'Estournelles de Constant furent incinérés au cimetière du Père-Lachaise.

Le Père-Lachaise.... Comment se fait-il que nous n'en ayons pas encore parlé? Ce fut, en effet, un but de promenade, intermittent sans doute, mais non dédaigné du tout, de Paul Fischer. Par un temps clair, par un beau soleil se jouant des nuages blancs égarés dans l'espace, il aimait à suivre les allées de cette nécropole, au sable marqueté d'ombre. Son regard se perdait dans l'argent des cyprès et des saules, s'en détachant par instants pour se poser sur quelque monument, sautant d'une épitaphe à l'autre, saluant parfois une vraie douleur, se brisant le plus souvent sur l'hypocrite banalité des sentiments qui s'y trouvaient exprimés. Quant aux tombes historiques, on le suppose bien, elles ne pouvaient, pas plus que les inscriptions qui y figuraient, le laisser indifférent.

Arrivons aux épreuves écrites de l'agrégation.

Elles eurent lieu, comme précédemment, au lycée Louis-le-Grand, mais le 1ᵉʳ, le 2, le 4 et le 5 juillet.

Sujets :

Histoire ancienne : l'empire maritime athénien, des origines à la fin de la guerre du Péloponèse;

Histoire du moyen âge : les Carolingiens et la papauté (751-814);

Histoire moderne et contemporaine : la question religieuse en France, de 1789 à 1795;

Géographie : le Massif central français, étude physique.

Paul Fischer fut beaucoup plus satisfait de son travail qu'il ne l'avait été jusqu'alors : par la suite, il apprendrait qu'il était classé troisième en histoire moderne, et septième pour l'ensemble des épreuves.

Liste des sous-admissibles :

MM. Barbelenet, Baticle, Bernard, Beucler, Blet, Bonnet, Bourdon, Bouygue, Brodu, Cassagnau, Chabot, Chapey, Dôme, Dutacq, Ecuyer, Fichelle, Fischer, Gadrat, Garçon, Gateau, Gautier, Gros, Guédel, Guerrier, Istria, Jardillier, Lacoste, Lacussol, Lager, Lajusan, Lasne, Laurent, Laurin, Lemarec, Lhéritier, Luthard, Marche, Peyre, Plassard, Pomot, Raymond, Reverdy, Rey, Robert, Taboulet, Verdeuil.

Cette liste fut affichée le samedi 26 juillet, et très tôt sans doute, car, dès 2 heures, les commentaires dont elle était l'objet circulaient activement à la Brasserie Balzar, où les bocks n'étaient pas épargnés. Apercevant sa mère, qui, à cet instant précisément, passait rue des Écoles, Paul Fischer vint lui faire part de ce premier succès. Puis il reprit place à une table où s'ébauchaient pronostics et pronostics. Si quelques appariteurs altérés eurent, à ce moment, l'inspiration d'emprunter la terrasse de la brasserie pour se rendre à la Sorbonne, ils ne purent certainement que s'en féliciter. Ces modestes préposés devaient au reste connaître l'établissement, car en juin déjà, lors de l'achèvement des cours et des conférences, ils avaient été conviés à y venir choquer leurs verres contre ceux des candidats qui y *enterraient* l'année scolaire.

Le mardi 29 juillet, commençaient à l'amphithéâtre Michelet, par la lettre L, comme en 1912, les épreuves orales du premier degré. Paul Fischer traita, le samedi 2 août, de

Charlemagne et la Saxe, et, une semaine plus tard, de la société romaine au IVe siècle après J.-C. Quant aux sujets des leçons de ses camarades, ils nous échappent absolument. Et cependant il recevait chaque soir la nomenclature des questions sorties dans la journée; de cela, malheureusement, rien n'a été conservé.

Il put enfin, pour la première fois depuis trois ans, lire son nom sur la liste des grands admissibles :

MM. Barbelenet, Baticle, Bernard, Beucler, Bonnet, Bourdon, Brodu, Cassagnau, Chabot, Dutacq, Ecuyer, Fichelle, Fischer, Gadrat, Garçon, Gros, Guerrier, Jardillier, Lacoste, Lager, Lajusan, Lasne, Laurent, Laurin, Lhéritier, Peyre, Plassard, Pomot, Raymond, Reverdy, Rey.

Le dimanche 1er août, au début de l'après-midi, eut lieu, à l'amphithéâtre Turgot, la troisième leçon de Paul Fischer. Ses parents — ce fut l'unique fois qu'ils l'entendirent faire œuvre de candidat à l'agrégation — assistèrent discrètement à une partie, du bas des degrés donnant immédiatement accès aux trois bancs supérieurs. La leçon leur parut assez bien ordonnée, mais froide. Le sujet, il est vrai — les chaînes de plissement — ne prêtait guère au pittoresque. Elle fut, en tout cas, très courte; les trois quarts d'heure se trouvèrent loin d'être épuisés, et le président n'eut pas à prononcer la phrase bien connue : « Monsieur, vous n'avez plus que cinq minutes. » Cette épreuve fit perdre des points à Paul Fischer; mais, comme il bénéficiait d'une avance considérable du chef des compositions et des leçons précédentes — il avait même gagné un rang à la grande admissibilité —, il ne conçut aucune inquiétude sur le résultat final.

Il fut, en effet, reçu agrégé et classé onzième; voici, du reste, la liste :

1. M. Dutacq,
2. M. Gadrat,
3. M. Gros,
4. M. Bonnet,
5. M. Jardillier,
6. M. Rey,
7. M. Guerrier,
8. M. Bourdon,
9. M. Bernard,
10. M. Reverdy,
11. M. Fischer,
12. { M. Chabot,
     { M. Plsssard,
14. M. Baticle,
15. M. Barbelenet,
16. M. Garçon,
17. M. Cassagnau,
18. M. Beucler.

Profitant du sursis qui lui avait été accordé par l'autorité militaire, Paul Fischer aurait pu occuper immédiatement une chaire de lycée; M. Coville, dans la réunion qui a lieu le lendemain de chaque concours, lui avait parlé d'Annecy et d'Alençon. Il préféra se libérer, sans plus tarder, de ses obligations militaires, et écrivit dans ce sens au commandant du bureau de recrutement dont il dépendait.

En attendant son incorporation prochaine, il tira le meilleur parti possible de ses loisirs. Tout d'abord un dîner, auquel il assista, réunit, boulevard des Capucines, au Café Américain, quelques-uns des nouveaux agrégés. Il refit promenade sur promenade dans les quartiers qu'il affectionnait, ainsi qu'au Bois; et même Versailles reçut de nouveau sa visite. Il n'oubliait pas pour cela ceux de ses compagnons d'études dont le labeur n'avait pas été récompensé comme le sien : leur mérite, à ses yeux, n'en était pas altéré, et il allait passer quelques instants avec eux à la Bibliothèque nationale. Il se rendit plusieurs fois aussi à Garches, où M. Gateau s'était installé dès le retour des beaux jours. Ce camarade était souffrant; lors de sa seconde leçon déjà, il avait dû faire appel à toute son énergie pour venir à la Sorbonne. A son égard également, une intervention chirurgicale fut décidée; mais, plus heureux que M. d'Estournelles de Constant, il en sortit, sinon positivement guéri, du moins sain et sauf. Il en fut quitte pour un long repos dans une maison de santé de la rue Bizet, où ses amis veillèrent à ce qu'il ne comptât pas trop les heures; Paul Fischer, en ce qui le concerna, vint y passer trois après-midi.

Puis l'agrégé rangea méthodiquement ses papiers, se demandant, en présence de tant de notes, de tant de cours, de tant de leçons, comment le cerveau le mieux trempé pouvait résister à un tel amas de connaissances.

Il reprit enfin le chemin des théâtres, dont le concours l'avait momentanément écarté, et voilà le moment venu de relater, dans la forme où nous l'avons fait précédemment, et à l'intention des personnes dont nous avons alors parlé, les représentations auxquelles il assista, de la rentrée de novembre 1912 à son départ pour le régiment.

NOVEMBRE

Mercredi 6, Comédie-Française, *Poliche*, de Henry Bataille (de Féraudy, J. Worms, Mmes Cécile Sorel, Jane Faber).

Lundi 11, Opéra, *Gwendoline*, mus. d'Emmanuel Chabrier (Duclos, Mlle Campredon).

Vendredi 15, Gymnase, *le Détour*, de Henry Bernstein (Dumény, Signoret, Mmes Madeleine Lély, Juliette Darcourt).

Mercredi 20, Variétés, *l'Habit vert*, de R. de Flers et G.-A. de Caillavet (Brasseur, Guy, Max Dearly, Mmes Jeanne Granier, Eve Lavallière).

Lundi 25, Opéra-Comique, *Werther* (Marcelin, Vigneau, Mlle Brohly).

Vendredi 29, Porte Saint-Martin, *les Flambeaux*, de Bataille (Le Bargy, Huguenet, J. Coquelin, Mmes Suzanne Desprès, Yvonne de Bray).

DÉCEMBRE

Vendredi 6, Comédie-Française, *Bagatelle*, de Paul Hervieu (Albert Lambert fils, Grand, Mmes Bartet, Pierson, Berthe Cerny, Dussane)

Mercredi 11, Opéra-Comique, *Manon* (Vezzani, Mlle Nicot-Vauchelet).

Jeudi 19, Théâtre Réjane, *Monsieur l'Adjoint*, de Paul Gavault; = *Un coup de téléphone*, de Paul Gavault encore et Georges Berr (G. Dubosc, Mme Réjane).

Lundi 23, Vaudeville, *la Prise de Berg-op-Zoom*, de Sacha Guitry (l'auteur, Lérand, Joffre, Mme Charlotte Lysès).

Mardi 27, Opéra-Comique, *Cavalleria rusticana* (Vezzani, Mlle Marié de l'Isle); = *la Tosca* (Marcelin, Boulogne, Mlle Davelli).

Lundi 3o, Gymnase, *la Femme seule*, de Brieux (Calmettes, Signoret, Mlle Jeanne Provost).

JANVIER 1913

Lundi 6, Palais-Royal, *la Présidente,* de Maurice Hennequin et Pierre Veber (Germain, Lamy, Le Gallo, Mlle Armande Cassive).

Mercredi 8, Opéra, *Fervaal,* mus. de Vincent d'Indy (Muratore, Delmas, Mmes Lucienne Bréval, Charny).

Lundi 13, Théâtre Antoine, *les Singes,* d'Albert Keyzer et Charles Martel; = *l'Homme qui assassina,* de Pierre Frondaie (Gémier, Candé, Mlle Lély).

Jeudi 16, Opéra-Comique, *Louise* (Beyle, Vieuille, Mmes Geneviève Vix, Brohly).

Mardi 21, Opéra-Comique, *Pelléas et Mélisande* (Périer, Boulogne, Mmes Marguerite Carré, Brohly).

Jeudi 23, Comédie-Française, *la Paix chez soi,* de Georges Courteline (Dessonnes, Mlle Dussane); = *la Loi de l'Homme* (Meyer, R. Duflos, Guilhène, Mmes Bartet, Berthe Bovy, Jeanne Delvair); = *le Stradivarius,* de Max Maurey (Numa, Croué).

Lundi 27, Comédie-Française, *le Médecin malgré lui* (Truffier, Siblot, Joliet, Mmes Rachel Boyer, Andrée de Chauveron); = *le Monde où l'on s'ennuie* (L. Delaunay, Dessonnes, Numa, Mmes Pierson, Maille, Robinne).

Mercredi 29, Opéra, *le Sortilège,* mus. d'André Gailhard (Muratore, Mlle Mérentié); = *Namouna,* ballet d'Édouard Lalo (Mlle Aïda Boni).

FÉVRIER

Lundi 3, Renaissance, *l'Enchantement,* de Bataille (G. Dubosc, Mlle Berthe Bady).

Vendredi 7, Opéra-Comique, *la Sorcière,* mus. de Camille Erlanger (Beyle, Boulogne, Mlle Marthe Chenal).

Mardi 11, Comédie-Française, *l'Embuscade,* de Henry Kistemaeckers (de Féraudy, Le Roy, Mayer, Mmes Cerny, Bovy, Robinne).

Vendredi 21, Opéra, *la Valkyrie* (Franz, Journet, Mmes Le Senne, Hatto).

Mercredi 26, Théâtre Sarah-Bernhardt, *la Chienne du Roi,* de Henri Lavedan (Calmettes, Mme Jane Hading); = *Servir,* du même (L. Guitry, Capellani, Mlle Gilda Darthy).

Vendredi 28, Opéra, *Armide* (Altchevsky, Mlle Mérentié, — danse : Mlles Zambelli, Boni).

MARS

Mercredi 5, Gymnase, *la Demoiselle de magasin*, de Franz Fonson et Fernand Wicheler (Jacque, Duquesne, Mlle Jane Delmar).

Dimanche 9, Comédie-Française, *le Demi-Monde* (R. Duflos, L. Delaunay, Alexandre, Mmes Sorel, Maille).

Vendredi 14, Vaudeville, *Hélène Ardouin*, d'Alfred Capus (Rozenberg, Lérand, Joffre, Mlle Véra Sergine).

Lundi 17, Opéra, *Samson et Dalila* (Franz, Mlle Lapeyrette); = *Coppélia* (Mlle Zambelli).

Jeudi 20, Comédie Marigny, *les Éclaireuses*, de Maurice Donnay (Mauloy, Mlle Gabrielle Dorziat).

Mardi 25, Bouffes-Parisiens, *le Secret*, de Bernstein (V. Boucher, Mmes Simone, Lély).

Jeudi 27, Opéra-Comique, *le Carillonneur*, mus. de Xavier Leroux (Beyle, Boulogne, Vieuille, Mmes Carré, Brohly).

AVRIL

Vendredi 4, Comédie-Française, *les Marionnettes*, de Pierre Wolff (Grand, Siblot, Bernard, Mmes Piérat, Robinne).

Vendredi 18, Opéra, *Tannhäuser* (Franz, Mlle Demougeot).

Samedi 26, Théâtre des Champs-Élysées, *Benvenuto Cellini*, mus. de Berlioz (Lapelletrie, Mlle Romanitza); = *la Péri*, poème dansé de P. Dukas (Mlle Trouhanova).

MAI

Vendredi 2, Comédie des Champs-Élysées, *l'Exilée*, de Kistemaeckers (Gauthier, Arquillière, Mmes Marthe Brandès, Darcourt).

Mercredi 7, Vaudeville, *les Honneurs de la Guerre*, de M. Hennequin (Rozenberg, Lérand, Joffre, Mme Marie Magnier).

Mercredi 14, Athénée, *la Semaine folle*, d'Abel Hermant (Brûlé, Guyon fils, Mlle Ventura).

Vendredi 23, Opéra, *Tristan et Isolde* (Verdier, Mlle Demougeot).

Samedi 31, Comédie-Française, *Vouloir*, de Gustave Guiches (de Féraudy, Grand, Mayer, Mmes Sorel, Maille).

JUIN

Lundi 2, Théâtre des Champs-Élysées, *Ballets russes*.

Lundi 9, Comédie des Champs-Élysées, *le Poulailler*, de Tristan Bernard (Beaulieu, Mlle Alice Clairville); = *la Gloire ambulancière*, du même (Beaulieu, Mlle Catherine Fonteney).

Mardi 17, Opéra-Comique, *Julien*, de Gustave Charpentier (Rousselière, Boulogne, Mme Carré).

JUILLET

Dimanche 6, Comédie-Française, *Andromaque* (Paul Mounet, Albert Lambert fils, Mmes Bartet, Madeleine Roch); = *les Fausses Confidences* (Dessonnes, Brunot, Siblot, Mmes Cerny, Fayolle).

Mercredi 9, Opéra, *Monna Vanna*, mus. de Henry Février (Muratore, Vanni Marcoux, Mlle Hatto); = *Suite de danses*, de Chopin (Mlle Zambelli).

Jeudi 10, Comédie-Française, *Bérénice* (Albert Lambert fils, P. Mounet, Mme Bartet); = *le Député de Bombignac* (Brunot, Mmes Fayolle, Yvonne Lifraud).

Mercredi 16, Comédie-Française, *l'Étincelle* (Dehelly, Mmes Sorel, Dussane); = *le Gendre de Monsieur Poirier* (de Féraudy, R. Duflos, Siblot, J. Fenoux, Truffier, Mlle Piérat).

Vendredi 18, Opéra, *les Huguenots* (Altchevsky, Paty, Mmes Le Senne, Berthe Mendès).

SEPTEMBRE

Lundi 1ᵉʳ, Opéra-Comique, *Werther* (Beyle, Vigneau, Mlle Marié de l'Isle).

Mercredi 3, Opéra, *Aïda* (Altchevsky, Roosen, Mmes Comès, Charny).

Lundi 8, Variétés, *Son Vice*, de Xanrof; = *le Bonheur, Mesdames*, de Francis de Croisset (Baron, Mmes Blanche Toutain, Darcourt).

Vendredi 12, Opéra, *les Joyaux de la Madone*, de Wolf-Ferrari (Campagnola, V. Marcoux, Mmes A. Vally, Charny).

Mardi 30, Odéon, *les Corbeaux* (Denis d'Inès, Desfontaines, Chambreuil, Jean d'Yd, Mlle Sylvie).

Nous allons sommairement rapporter les impressions éprouvées au cours, non pas de tous ces spectacles, mais d'un petit, d'un très petit nombre d'entre eux seulement ; la réserve que nous avons précédemment observée est toujours de rigueur.

Paul Fischer prit plaisir à *l'Habit vert*, aux *Marionnettes*, au *Monde où l'on s'ennuie*, au *Gendre de Monsieur Poirier* ; le jet continu des aphorismes, dans *le Demi-Monde*, la longue tirade d'Hernert, dans *les Flambeaux*, les effets semi-mélodramatiques (coup de canon, etc.), de la fin de *Servir* ne l'empêchèrent point de s'intéresser à ces trois pièces ; *Andromaque* et *Bérénice* contribuèrent à lui prouver que les condamnations dont les lycéens frappent ordinairement les tragédies ne sont pas sans appel. En ce qui concerne les œuvres jouées à l'Opéra et à l'Opéra-Comique, il trouva *la Sorcière* bien longue ; *Aïda*, également ; *la Tosca* ne lui déplut aucunement, *Werther* non plus ; faisant abstraction du milieu inélégant dans lequel se passe l'action, il goûta beaucoup la musique de *Louise*, et *Julien* le satisfit pareillement, autant du moins qu'en jugea sa mère, qui était venue entendre avec lui la dernière production de Gustave Charpentier ; il se montra particulièrement content de sa soirée des *Maîtres Chanteurs*, plus que de celle en tout cas de *Tristan et Isolde*, l'unique représentation à laquelle put l'accompagner son père, condamné aux matinées, depuis un certain temps, par une santé devenue peu compatible avec les fatigues des veilles ; quant à *Pelléas et Mélisande*, il eût voulu que l'aube seule en marquât la fin.

Artistes à ajouter à ceux que nous avons déjà indiqués comme ayant, à des titres divers, obtenu son suffrage : de Féraudy, Le Bargy, L. Guitry, Capellani; Mme Bartet, Mlle Cécile Sorel, Mlle Dussane, Mlle Robinne, Mlle Berthe Cerny aussi; Marcelin, Vanni Marcoux, puis Mme Marguerite Carré, qui finit de le gagner par la remarquable aisance de son jeu, et Mlle Marthe Chenal.

LE SOLDAT

(1913-1914)

Le 9 octobre 1913, Paul Fischer prenait le train pour Nancy, où il arrivait dans la soirée.

Dès le lendemain, il se présentait à la caserne Molitor, occupée par le 79ᵉ régiment d'infanterie : il avait été incorporé à ce régiment, dont le colonel était M. Aimé, et le lieutenant-colonel, M. Bonneville, officier supérieur auquel fut presque immédiatement adjoint M. Le Boucher d'Hérouville.

Il se vit versé dans le 1ᵉʳ bataillon, commandé par M. Craman, car il avait dû à l'entremise, aussi obligeante qu'éclairée, de M. Pfister de pouvoir prendre rang dans une compagnie en dépendant, la 3ᵉ, dont le capitaine, M. Paul Zivy, se trouvait être frère d'un agrégé d'histoire.

M. Zivy n'était pas seulement un officier de valeur, c'était aussi un érudit. Son subordonné, avec la compétence spéciale que peuvent donner cinq années passées à la Sorbonne, n'hésitait pas à lui accorder des connaissances historiques, et géographiques surtout, extrêmement sérieuses. A bien d'autres égards du reste, sa conversation décelait des études poussées fort loin, et soigneusement entretenues. L'école de peloton n'était certainement pas plus familière à l'ancien Saint-Cyrien que les chefs-d'œuvre de Rome, les poètes de la Pléiade, ou les écrivains du XVIIIe siècle, Jean-Jacques Rousseau en tête, son auteur préféré. Mais si remarquable qu'il fût, l'esprit chez lui se trouvait dépassé encore par le caractère. A vrai dire, ce caractère ne se révélait pas immédiatement à l'observateur. Peu communicatif, du moins avec ses inférieurs, énigmatique même parfois, l'officier se livrait peu. A de certains moments d'ailleurs, il laissait tomber entre lui et son interlocuteur comme un écran de tristesse. On aurait dit que l'existence l'avait meurtri déjà par des heurts pénibles; à 34 ans au reste — c'était son âge — il n'y eût eu là rien qui pût étonner. Par intermittences pourtant, on réussissait à saisir cette personnalité discrète et fuyante. Cela arrivait principalement pendant les marches militaires, les longues. Il n'était point rare alors qu'il poussât son cheval auprès de Paul Fischer, quand, donnant même la bête à tenir par la bride, il n'en descendait pas pour faire la route à pied à côté du fantassin, et poursuivre ainsi plus à l'aise la conversation commencée. Alors aussi il devenait possible de lire, mais vite, en cette âme prompte à se dérober, et des élans d'une mâle droiture, voilà ce qu'on y surprenait aussitôt. Une forte conscience s'y faisait jour. La dignité la plus simple, et en même temps la plus sévère, y jetait son lustre. M. Zivy était de ces hommes chez qui l'honneur parle clair. Il était encore de ceux qui, dans l'accomplissement de leur tâche, portent jusqu'au scrupule l'esprit de justice qui les anime.

Le capitaine accueillit sympathiquement Paul Fischer, et comme, du reste, le lieutenant de la compagnie, M. Durosoy, et le sous-lieutenant, M. Kiéner, lui témoigna, d'un bout à l'autre du service, toutes les attentions compatibles avec la discipline et la hiérarchie. Ce n'est pas cependant qu'il eût toujours lieu d'être encouragé dans cette bienveillante attitude par les progrès du nouveau fantassin. Celui-ci était d'abord un tireur détestable; affligé d'une myopie désespérante, il envoyait la balle, et dans les jours heureux, à un mètre de la cible. Le peu de goût qu'il avait apporté du lycée pour les exercices physiques persistait. Sautait-il au tremplin, il ne réussissait guère qu'à s'étendre dans la sciure. Devait-il, non point passer sur le portique, mais simplement essayer de le faire, c'était bien autre chose! S'il chargeait à la baïonnette, il s'éraflait le visage. Un jour de janvier, toute la garnison prenait part à une revue, à l'occasion de la remise des décorations; au moment où la 3ᵉ compagnie du 79ᵉ défilait devant le général Foch, commandant le 20ᵉ corps, alors que précisément le sous-lieutenant répétait à voix basse : « De la tenue, surtout de la tenue! », le soldat peu agile glissa sur le terrain gelé, et en un clin d'œil y fut étendu ; pendant ce temps, le fusil, baïonnette au canon, allait s'enfoncer, jusqu'à la crosse, dans le trou d'une bouche d'égout. On entendit aussi un bruit strident de batterie de cuisine, car le régiment était en tenue de guerre et Paul Fischer portait sur son sac la marmite de l'escouade. Le général réprima un sourire, tandis que le fantassin se relevait lourdement. Il faut croire qu'à l'exercice ce n'était guère plus satisfaisant, car M. Zivy, qui, à l'origine, avait pensé trouver chez son subordonné l'étoffe d'un officier de réserve, dut abandonner l'espoir d'en faire même un caporal.

Eh oui ! il est des personnes à qui la nature a distribué si parcimonieusement l'esprit militaire qu'elles restent essentiellement civiles sous l'uniforme. Toutefois une allure martiale et un brillant maniement d'armes ne suffisent pas pour faire un soldat ; il existe quelque chose d'impondérable qui l'emporte sur ces qualités exclusivement matérielles, bien que désirables : c'est le respect de soi-même, c'est le culte du devoir, c'est l'effacement de l'intérêt individuel devant l'intérêt de tous, c'est, aux jours sombres, l'acceptation sereine du suprême sacrifice. Il y a là un ensemble de sentiments qui sont le fruit, tardif parfois, mais à peu près assuré, de l'éducation familiale, quand raisonnée, franche et patiente, franche surtout, elle s'applique beaucoup moins à développer l'esprit ou le talent qu'à former le caractère et à le tremper, faisant de la dignité personnelle la clef de voûte des perfectionnements obtenus, et préparant ainsi les victoires de la conscience sur les sophismes et les contradictions de la vie. Or ces sentiments, disons-le sans détours, l'humble soldat de 2ᵉ classe que fut Paul Fischer les possédait pleinement en arrivant au régiment, et s'il n'est gemme si pure qui, à la taille, n'acquière un éclat supérieur, ils se trouvèrent affinés encore au contact d'un homme de la valeur morale du capitaine Zivy. Aussi cet officier put-il, plus tard, dire très sincèrement de son subordonné, en apprenant sa mort à une centaine de mètres de l'ennemi, que « c'était une nature d'élite » et qu'il était « fier d'avoir contribué à sa formation militaire. » Au tir, à la gymnastique, à l'exercice, Paul Fischer fut donc, c'est entendu, un médiocre soldat ; mais que de médiocres soldats de ce genre ne manquent jamais au 79e.

Qu'ils ne s'y trouvent pas en excès, cela va de soi. Cependant qu'ils y forment toujours un petit noyau. Ce sera l'utile levain qui, discrètement, met la pâte en travail. En temps de paix, à la parade, ils ne feront pas brillante figure ; mais aux jours de danger, on les verra à l'œuvre. Quand il faudra des hommes déterminés pour ces audacieux coups de main dont on ne revient guère, ils se trouveront là. Ou si, dans un mouvement enveloppant, la garde du drapeau a entièrement disparu sous la mitraille, ils pourront être la muraille vivante derrière laquelle il flottera une minute encore ; ils ne le verront point, en tout cas, passer en la possession de l'ennemi, car au moment où la catastrophe arrivera, si elle doit arriver, la mort aura voilé leurs regards.

Le levain mettant la pâte en travail.... Cette image qui n'est pas neuve, mais qui est toujours vraie, reporte notre pensée aux conférences historiques qu'à la demande de son capitaine, Paul Fischer fit devant la 3e compagnie. Pour lui, en effet, ce fut l'occasion de glorifier le mérite militaire, et les qualités morales sans lesquelles il n'est qu'un

vain mot. Sur quoi portèrent ces conférences, auxquelles
assistèrent officiers, sous-officiers et soldats, nous ne
sommes plus en mesure aujourd'hui de l'indiquer sûrement
que pour une seule. Nous croyons bien nous souvenir qu'il
fut question, dans plusieurs, de la guerre de 1870, de ses
causes particulièrement, et, dans d'autres, des batailles
dont le drapeau du régiment, ce régiment dont le Boulon-
nais est l'ancêtre, perpétue la mémoire (Les Pyramides,
Caldiero, Friedland, Sébastopol), mais nous pouvons nous
tromper. Il en est différemment d'un entretien sur le
général Drouot. Dans un langage d'une grande simplicité,
mais d'une émotion profonde, Paul Fischer réussit, d'une
façon qui lui valut, comme pour les autres conférences,
d'ailleurs, nous a-t-on rapporté, les remerciements publics
de son chef, à faire revivre dans toute sa pureté la glorieuse
figure de cet enfant de Nancy. Cette figure, il l'encadra
avec un réel bonheur, paraît-il aussi, dans les fastes de la
Révolution et du premier empire. Et nous nous deman-
dons si, en cette journée du 20 août 1914, où la 3ᵉ compagnie du 79ᵉ se faisait hacher à Morhange avant de céder
le terrain à l'ennemi, il ne bruissait pas encore, à l'oreille
de tous ces braves, un lointain écho des paroles du soldat
de 2ᵉ classe qui, peu de mois auparavant, avait exalté les
vertus guerrières de leurs aînés.

Nous nous posons la question sans oser y répondre, car
cette fière attitude devant la mort s'expliquerait de reste
par le superbe entraînement auquel avait été soumis le
régiment : troupe de couverture, et troupe de couverture

de première ligne, il faisait partie de la *division de fer*, n'est-ce pas tout dire?

Cet entraînement avait revêtu des formes diverses, mais les marches à longue distance en avaient été spécialement l'occasion. Quelque pénibles qu'elles fussent parfois, en raison du poids du sac, qui, au bout de quelques kilomètres, charge bien lourdement les épaules d'un étudiant habitué à porter sa serviette pour tout fardeau, elles ne laissaient pas cependant d'être accueillies avec joie. Ne venaient-elles pas rompre la monotonie de l'exercice quotidien, du nettoyage, du lavage, de l'*astiquage*, des revues d'effets? Paul Fischer garda le meilleur souvenir de l'une de ces marches : elle fut exécutée en janvier, et la grande halte eut lieu, dans la neige, à Fontenoy-sur-Moselle. La collation en plein air, par dix degrés de froid, présenta des côtés fort pittoresques, et il n'y eut pas un seul *soldat* qui ne suivît avec intérêt les apprêts du café. Plusieurs fois par mois, Paul Fischer voyait le facteur des messageries lui apporter des provisions de bouche que sa mère se faisait une fête d'apprêter elle-même à son intention : pâtés, quenelles aux pruneaux, gâteaux aux raisins, biscuits fourrés, soufflés à la vanille, macarons, etc., le tout varié aussi souvent que possible afin de ne pas amener la satiété. Or, la veille précisément, il avait reçu un colis de cette nature. Il ne manqua donc pas, le matin, d'en loger une partie dans sa musette; mais, lorsque le moment vint d'y goûter, une difficulté surgit : c'était gelé — 10 degrés de froid! — au point que la dent ne pouvait y pénétrer; un pâté de veau particulièrement avait la rigidité du chêne. La faim, que la rigueur de la température ne désarme pas, bien au contraire, suggéra sans doute une combinaison opportune, car rien ne fut rapporté à la caserne Molitor.

Les parents de Paul Fischer doivent à une autre excursion, faite le 23 mai, de posséder une photographie assez intéressante de leur fils : il est représenté au verso d'une carte postale, avec ses camarades de la 15ᵉ escouade, sur la route menant au camp de Bois-l'Évêque. Le régiment est sans doute arrivé à Maron. C'est du moins le moment du *casse-croûte* et, si les *quarts* ne sont pas encore emplis, cela ne va pas tarder : ils sont en main, et, tout proche, un récipient surmonté de deux boîtes contenant des saucisses, nous a-t-on expliqué, recèle le liquide attendu. Debout, à droite, au premier plan, Paul Fischer, sans que ses traits soient bien nets, est néanmoins reconnaissable, insuffisamment cependant pour que nous ayons pu reproduire ici cette carte.

De ressemblance, il n'avait guère dû être question dans deux occasions précédentes, où il s'était trouvé photographié également avec ses camarades : la première fois, vers le commencement de novembre, et la seconde, un peu plus tard. En dernier lieu, le groupement avait compris tous les élèves caporaux et même le sergent instructeur, tandis qu'auparavant l'escouade seule avait été représentée, comme elle venait d'achever le battage des couvertures de lit. Il fallait réellement de la bonne volonté pour distinguer Paul Fischer parmi les élèves caporaux, mais, dans l'escouade, on y arrivait finalement, grâce à la pipe, inséparable compagne, qu'il tenait à la bouche.

S'il fumait beaucoup avant de se rendre à Nancy, il le fit depuis plus encore. M. Zivy, dans une de ces marches où il retrouvait pour un instant l'humour de ses dix-huit ans, lui conseilla de prendre, pour premier sujet de discours de distribution de prix, le rôle de la pipe dans l'armée. En somme, c'était un passe-temps, à la chambrée surtout, car on ne peut soutenir qu'à la caserne ils soient nombreux. Brusquement arraché à ses occupations, le nouvel enrégimenté doit, sans transition aucune, se faire à une vie essentiellement différente de celle qu'il a menée jusqu'alors. L'ennui le guette, et, chose plus grave, la nostalgie; à certaines heures, quand ce n'est pas pendant plusieurs jours, une lassitude morale s'empare de lui et l'étreint : c'est le *cafard*, diront les anciens. Paul Fischer pourtant, s'il connut ce malaise, ne s'y abandonna pas; son caractère énergique ne s'y fût point prêté. Il en chercha le remède dans un labeur opiniâtre. La grande somme de connaissances qu'il avait acquise à la Sorbonne lui avait fait apercevoir l'immensité de ce qui lui restait à apprendre. Libre de 5 heures à 9 heures du soir, il consacra ses soirées à des travaux d'érudition, dont bientôt la gravité se dérida, par moments, au charme de la littérature. Il commença à s'occuper de la thèse de doctorat qu'après en avoir conféré avec M. Langlois, il s'était promis de présenter à la Faculté des lettres de Paris : les assemblées politiques en France au XVIIe siècle. Vaste question. Elle plongeait ses racines jusque dans le moyen âge, avec lequel en effet il n'entendait point rompre, le sujet ne pouvant vraiment être abordé qu'après un large coup d'œil sur les états de 1302 à 1484. Puis il renoua avec l'antiquité, et avec l'antiquité représentée cette fois, non plus par les Thucydide, les Xénophon, les Tite-Live, les Tacite, mais par les poètes qui, dans l'Hellade, en ont chanté l'aurore ou surpris la grâce, sans en cacher, pour cela, l'intermittente et extrême rudesse, ou, sur le sol latin, en ont animé les légendes et célébré les hauts faits. Il lui prit aussi fantaisie de relire les tragiques qui montrèrent l'homme aux prises avec la fatalité, et nous n'osons assurer que, séduit par cette sève du passé, il ne soit pas allé jusqu'à feuilleter quelques écrits de ces philosophes qui, après avoir bégayé les premiers postulats de la raison, risquèrent les premières revendications de la conscience. Bref, il retourna à ses classiques et éprouva la solidité de cette maxime — de la fin surtout — qu'en cinquième il avait eu à traduire, et dont, à cette époque, il avait évidemment fait fi : *litteræ ornamenta hominum sunt et solatia*. Ce furent là de puissants dérivatifs qui lui permirent d'attendre avec moins d'impatience l'heure des permissions, de celles, voulons-nous dire, à passer à Paris.

Elles ne furent pas nombreuses, trois en tout : une première au Nouvel an, du samedi 27 décembre au dimanche 4 janvier; une deuxième à Pâques, qui en 1914 tombait au 12 avril, du samedi 4 au mardi 14; et la dernière à la Pentecôte, du vendredi 29 mai au mardi 2 juin.

Grâce à elles néanmoins, il put se retrouver pendant

quelques journées dans ce Paris qu'il affectionnait à un degré si élevé, et en particulier dans les salles de la Sorbonne, « cette chère maison » où, devait-il écrire bientôt d'un lit d'hôpital, il avait passé ses « meilleures années, bien qu'assombries, à certaines heures, par les soucis de la lutte pour la vie. »

Ce fut avec une joie mêlée d'émotion qu'il pénétra de nouveau dans ces salles, allant comme par un mouvement instinctif à la place qu'il y avait si souvent occupée, y cherchant inconsciemment ses voisins disparus, puis y revoyant, soit réellement, soit à travers le rideau, tout diaphane encore, de souvenirs nés d'hier, les maîtres excellents dont nous avons parlé dans les précédents chapitres. De leur image, sa pensée se porta même à d'autres professeurs de la section d'histoire qu'alors nous n'avons pas mentionnés, parce qu'il ne les avait entendus qu'assez irrégulièrement, et moins à leurs cours qu'aux soutenances de thèses de doctorat. Maîtres de choix encore cependant, car il s'agissait de MM. Barrau-Dihigo, Maxime Collignon, Prosper Cultru, Henry Lemonnier, Mâle, Alfred Rébelliau et Romain Rolland. Dans ce jeu de l'imagination, il distingua enfin plusieurs professeurs de littérature ou de philosophie, M. Alfred Croiset en tête, le doyen de la Faculté, dont les leçons du lundi, à l'amphithéâtre Richelieu, avaient mis en lumière bien des côtés de la morale hellénique restés jusque-là un peu vagues, et dont en novembre il ne manquait jamais d'aller écouter le très simple, très clair et toujours intéressant discours de rentrée.

Ἐπάμεροι· τί δέ τις; τί δ' οὔ τις; σκιᾶς ὄναρ
ἄνθρωπος.

Qu'on renferme en deux vers cette pensée des *Pythiques*, ainsi que cela se passait à l'époque de notre jeunesse, qu'on l'écrive en trois, comme le demandent maintenant certains critiques, qu'on la scande à la manière de Christ ou à celle de Schrœder, qu'on la cisaille, qu'on la torde au gré de la fantaisie la plus accentuée, elle ne perd pas un atome de sa triste signification, elle continue d'épandre son glas sur le flux et le reflux incessants de l'humanité désarmée : l'homme n'est qu'un être éphémère, le rêve d'une ombre. Trois années se sont écoulées depuis que Paul Fischer revit les salles dont nous venons de parler, et ce temps a largement suffi, non seulement pour que l'ancien étudiant disparaisse, et disparaisse sans avoir connu le sourire d'une jeune épouse, la caresse d'un enfant bien-aimé, mais pour que, l'un après l'autre, soient frappés également cinq des maîtres aux leçons desquels il se forma. Cinq!... encore nous en tenons-nous à ceux-là seuls qui lui enseignèrent l'histoire ou la géographie. Et de ces maîtres, deux sortaient à peine de l'été de la vie! La Sorbonne, hélas! n'entendra plus la voix de M. Grébaut, de M. Dubois, de M. Bertaux, de M. Cultru, de M. Debidour. Puisque l'élève n'est plus là pour leur adresser le dernier salut, substituons-nous à lui, nous que la mort oublie, ou qu'elle dédaigne.

Le soldat profita de ses permissions pour rendre visite à quelques-uns de ses camarades. Ceux-ci d'ailleurs, éloignés ou non de Paris, n'étaient pas restés sans donner de temps en temps, de leurs nouvelles. Forcément les lettres les plus nombreuses avaient été adressées par des candidats à l'agrégation. Pas une de ces lettres où il ne fût question du prochain concours, de la ruche en travail, et conséquemment de la Sorbonne. La bibliothèque Albert Dumont, celle du troisième étage, était redevenue accessible aux étudiants. La polycopie vivait toujours. Peu s'en était fallu pourtant que la discorde n'éclatât au sujet d'un concurrent momentanément en province, mais tout s'était arrangé. Des dissensions intestines se comprenaient peu, du reste, alors que la malheureuse polycopie se trouvait de nouveau en butte aux attaques des professeurs; à la reprise des cours notamment, elle était sortie fort malmenée de la leçon d'ouverture de M. Demangeon, l'aménité même pourtant, mais l'aménité n'exclut pas plus la clairvoyance que le savoir.

Quels camarades Paul Fischer eut-il le plaisir de revoir, lors de ses permissions? Au Nouvel an et à Pâques, quelques-uns seulement, sans doute, mais à la Pentecôte presque tous. La veille de la fête, en effet, il se rendit à la Sorbonne, et c'était précisément jour de conférence de M. Demangeon; or on sait à quel point la direction de ce maître est recherchée des étudiants. Disons, à ce propos, qu'il éprouva un plaisir des plus vifs à s'entretenir avec lui, car l'aversion du distingué professeur pour la polycopie n'altère aucunement l'affection qu'il inspire, en outre, à tous ses élèves indistinctement. M. Gateau figurait parmi les étudiants présents à la conférence. Il prit rendez-vous avec Paul Fischer pour le surlendemain. Le lundi de la

Pentecôte, ils se trouvaient donc de nouveau réunis. Ils se dirigeaient vers le Bois, lorsqu'un temps maussade, pluvieux, les porta à ne pas dépasser l'avenue de Marigny. Rebroussant chemin, ils allèrent s'abriter dans un café des boulevards. A la proposition qu'en avait faite le permissionnaire, heureux de respirer l'air, à ses yeux sans égal, qui circule entre l'Opéra et les Variétés, M. Gateau avait complaisamment répondu qu'il passerait, si besoin était, toute son après-midi dans ce café, à prendre des tasses de camomille. Quel était cet établissement? Il se trouvait du côté des numéros pairs, comme l'Américain et le Viennois par conséquent, un orchestre y jouait et... il y existait une cheminée. C'est toute la description qu'a pu nous en faire M. Gateau, qui, pour cultiver les muses, ne pousse guère loin, on le voit, la ressemblance avec Faret. Mais il apercevra toujours, se détachant sur cette cheminée, l'image souriante de l'ami, de l'ami sincère, avec lequel il conversa là pour la dernière fois.

Et les théâtres? demanderont peut-être les quelques lecteurs qu'aura pu intéresser, malgré sa sécheresse, la longue nomenclature des représentations auxquelles assista Paul Fischer avant son départ pour le régiment. A la Pentecôte, le peu de soirées dont le soldat disposa — trois seulement, la première ayant été, comme à chaque voyage, absorbée par le trajet en chemin de fer — ne lui permit pas d'y aller; il préféra consacrer entièrement ces soirées à ses amis. Mais au Nouvel an et à Pâques, il en fut différemment, la liste suivante en témoigne :

NOUVEL AN

Dimanche 28 décembre, Palais-Royal (matinée), *les Deux Canards*, de Tristan Bernard et Alfred Athis (Germain, Le Gallo, Mlle Armande Cassive).

Lundi 29, Opéra, *les Joyaux de la Madone* (Campagnola, Petit, Mmes A. Vally, Charny); = *Coppélia* (Mlle Aïda Boni).

Mercredi 31, Opéra, *Rigoletto* (Renaud, Fontaine, Mmes Campredon, Bonnet-Baron); = *Suite de danses*, de Chopin (Mlle Urban).

Jeudi 1ᵉʳ janvier, Comédie-Française, *les Folies amoureuses* (Brunot, Guilhène, Croué, Mmes Berthe Bovy, Andrée de Chauveron); = *le Gendre de Monsieur Poirier* (de Féraudy, R. Duflos, Siblot, Leitner, Granval, Mlle Piérat).

Vendredi 2, Comédie-Française, *la Marche nuptiale*, de Henry Bataille (G. Berr, Grand, Mmes Piérat, Jeanne Even, Lara).

Samedi 3, Comédie-Française, *le Mariage de Figaro* (J. Fenoux, Brunot, de Féraudy, Mmes Cécile Sorel, Berthe Cerny, Bovy).

PAQUES

Lundi 6 avril, Comédie-Française, *l'Envolée*, de G. Devore (R. Duflos, Le Roy, Mlle Sorel); = *Deux Couverts*, de Sacha Guitry (de Féraudy, Mlle Cerny).

Mercredi 8, Comédie-Française, *Georgette Lemeunier*, de Maurice Donnay (Garry, Bernard, Mmes Valpreux, Robinne).

Samedi 11, Opéra-Comique, *la Tosca* (Marcelin, Boulogne, Mlle Lubin).

Lundi 13, Opéra, *Faust* (Fontaine, Cerdan, Mlle Delisle, — ballet: Mlle Laugier).

Comme, à partir de cette date, Paul Fischer ne retournera dans aucun des théâtres parisiens, il n'est pas inutile peut-être de terminer par une statistique, d'ailleurs fort courte. Voici donc le nombre de fois, depuis le mois d'août 1912, qu'il alla chercher quelque distraction dans chacun d'eux : une seule, pour les Bouffes-Parisiens, la Comédie Marigny, l'Odéon, la Porte Saint-Martin, la Renaissance, le Théâtre Sarah-Bernhardt, le Théâtre Antoine; deux, pour l'Athénée, la Comédie des Champs-Élysées, le Théâtre des Champs-Élysées, le Théâtre Réjane, les Variétés; trois, pour le Gymnase, le Palais-Royal; quatre, pour le Vaudeville; quatorze, pour l'Opéra-Comique; dix-sept, pour la Comédie-Française; et vingt, pour l'Opéra.

Sans être prépondérante, la part des scènes musicales ne laisse pas, on le voit, que d'être fort importante; elle l'aurait été plus encore, si, en dernier lieu, la répartition ne s'était trouvée faussée au profit de la Comédie-Française. Paul Fischer, en effet, ne put, en temps de permission, aller à l'Opéra-Comique aussi souvent qu'il l'eût souhaité. Mais, en acceptant la statistique telle qu'elle se dessine, on se trouve encore en présence de 36 représentations musicales, les deux du Théâtre des Champs-Élysées comprises, contre 42 d'une nature purement littéraire. On aperçoit ainsi l'attrait que la musique exerçait sur lui, attrait qui doublait quand, par instants, les cordes dominaient l'orchestre, et qui était porté à l'extrême quand soudainement, en une phrase expressive, le premier violon se détachait sur elles toutes. Ses soirées théâtrales se terminèrent d'ailleurs par l'Opéra, et, coïncidence singulière, par la pièce qu'il avait entendue la première fois qu'il y était allé. Cette nouvelle audition de *Faust* devait être aussi, et sans qu'il s'en doutât, hélas! sa dernière participation à la vie brillante de Paris, comme son voyage de la Pentecôte, son adieu même à cette ville : le train qui, dans l'après-midi du 2 juin, l'emporterait à Nancy, ne le ramènerait plus jamais dans la cité qu'il avait tant aimée.

Ainsi que cela s'était passé à l'expiration des deux permissions précédentes, sa rentrée à la caserne fut suivie d'un profond accès de mélancolie. Son père, qui alla le voir quatre jours plus tard, le trouva, de plus, assez inquiet, à la pensée de prochaines étapes à faire par une température qui s'annonçait brûlante : la 11ᵉ division, dont le 79ᵉ régiment d'infanterie dépendait, se rendrait bientôt dans l'Aube, au camp de Mailly, distant d'environ 150 kilomètres. Ce n'était pas la marche par elle-même qui le préoccupait, mais le poids du sac, dont les courroies, disait-il, lui arrachaient les épaules. Il n'est pas de corvée vraiment, si la chose eût été possible, qu'il n'eût acceptée pour échapper à cette charge intolérable.

On va s'en rendre compte.

Rougeole et scarlatine avaient fortement sévi dans la garnison pendant le mois de février; plusieurs décès étaient survenus, et, macabre attention! dans la cour de la caserne, les jeunes recrues avaient été formées en hâte au pas d'enterrement, afin que, le cas échéant, les convois fussent toujours dignement escortés. Si, touchant ces maladies, la science, malheureusement, ne dispose encore d'aucun préservatif certain, il en est différemment de la fièvre typhoïde, contre laquelle existe le vaccin que chacun connaît. En mai, l'autorité militaire décida de prémunir, au moyen de ce vaccin, les soldats du 79ᵉ dont la constitution s'y prêterait. Paul Fischer se présenta tout de suite, et fut reconnu apte à subir, de semaine en semaine, les

piqûres voulues. L'effet de ces piqûres, on le sait, varie
suivant les individus : non douloureuses pour les uns, elles
sont extrêmement pénibles pour les autres; certaines
personnes sont même incapables d'aller jusqu'au bout du
traitement : ce n'est pas une question de bravoure, des
complications peuvent se produire. Paul Fischer n'ignorait
rien de cela. Comme, deux heures à peine après la première injection, il ne parvenait plus à remuer un bras qui
s'ankylosait, et que, venue à Nancy pour passer quelques
jours auprès de lui, sa mère lui demandait la raison pour
laquelle il avait absolument voulu figurer parmi les soldats
soumis aux piqûres : « Afin répondit-il, de me mettre à
l'abri de la fièvre typhoïde, qui ne disparaît pas toujours
sans affecter l'intelligence, c'est certain, mais aussi pour
être, ne fût-ce qu'une semaine, dispensé de porter le sac. »
Les futurs vaccinés avaient reçu la promesse de jouir, pendant une huitaine, d'un allégement de cette nature.

Le départ pour le camp a lieu un dimanche, le 14 juin.
Écrouves, non loin de Toul, est la première étape. Paul
Fischer y arrive harassé. Une mauvaise nuit passée sur la
terre battue, dans une grange pleine de porcs, dépourvue
de paille et jonchée de tessons de bouteille, ne répare guère
ses forces. La marche du lendemain, accomplie sous un
soleil implacable, l'achève. Il a, aux pieds, d'énormes am-
poules, un abcès purulent s'est formé. Pourtant il se fait
un point d'honneur de ne pas abandonner le gros de la
compagnie, et réussit à se traîner quand même jusqu'au
cantonnement, jusqu'à Sorcy-sur-Meuse. Là, il doit aller à

l'ambulance, « type pittoresque d'ambulance de guerre, écrira-t-il à ses parents, établie en plein air, sur la place du village, les malades couchés ou assis en rang d'oignons, les soins donnés à la hâte, mais très scrupuleusement, par un service médical surmené. » Le major l'opère au bistouri, à vif, panse au formol, bande; c'est court, mais atroce. Le chirurgien s'excuse d'ailleurs de n'avoir pu se servir d'insensibilisateur : les anesthésiques sont en quantité restreinte, ils doivent être réservés pour les hommes plus gravement atteints encore. C'est absolument l'avis du patient, qui ajoute : « Il faut faire les plus grands éloges des médecins, qui, avant de se reposer, s'occupent des malades minutieusement, et ne prennent ce repos que bien après leurs collègues. » Le bistouri ne saurait vraiment laisser moins de ressentiment. Si le blessé éprouve quelque amertume, c'est contre lui-même : « Je suis mécontent de ce qui m'arrive. Il est humiliant de traîner quand on voit marcher ses camarades. Enfin j'ai fait ce que j'ai pu, mais la souffrance a dépassé ma volonté. » Hors d'état de continuer la route à pied, il est, le mardi, dirigé par chemin de fer sur la prochaine étape, Tronville-en-Barrois, où chacun jouit d'une journée de repos. Mais le jeudi matin, il ne peut se résigner à abandonner plus longtemps la colonne; les pieds meurtris encore, il reprend donc le sac, et se remet en marche. Trois jours après toutefois, il écrira de Courdemange : « Je me souviendrai toute ma vie du voyage de Mailly, je ne me rappelle pas en effet d'avoir jamais connu de souffrances aussi fortes et aussi variées que depuis dimanche dernier. D'ailleurs nous en sommes tous au même point, la température est abominablement chaude, et rien n'est plus curieux que l'arrivée du régiment au cantonnement : une bande désordonnée de gens boitant, suant, crasseux, écrasés sous le chargement, ayant à peine conscience de ce qu'ils font et ne marchant que par vitesse acquise, retrouvant pourtant un reste d'énergie et se redressant quand ils défilent devant le drapeau. J'ai vu d'admirables exemples d'endurance et de courage, et tout le monde a fait ce qu'il a pu. Ce fut surtout dur hier et aujourd'hui, à travers les plaines calcinées du Perthois et de la Pouilleuse. Fatigues nécessaires pourtant, car, en temps de guerre, on en subirait bien d'autres. »

Le dimanche 21 juin, la division entière s'installait au camp pour six grands jours; ils furent employés à des manœuvres extrêmement brillantes.

Et l'agrégation de 1914? Le fantassin de Mailly ne pouvait certes y demeurer indifférent. Il songeait anxieusement à plusieurs camarades qui étaient sur le point d'aborder un concours dont il connaissait les phases pénibles. Il voulut être tenu, jour par jour, au courant des sujets donnés. Son père se rendit dès lors au lycée Louis-le-Grand, où se passaient de nouveau les épreuves écrites, et, ayant demandé à M. Gateau quels étaient ces sujets, les lui indiqua régulièrement :

Mardi 30 juin, Sylla ;

Mercredi 1er juillet, le mouvement économique en France au xve siècle et dans la première moitié du xvie ;

Vendredi 3, Catherine II et la Turquie;

Samedi 4, les plaines du nord de l'Inde.

M. Gateau, voilà un nom qui, avec ceux de M. Viaux, de Mlle Soto et de M. d'Estournelles de Constant, s'est, depuis le lycée, fréquemment trouvé sous notre plume. Ce n'est pas qu'aux chapitres de l'étudiant, nous n'ayons fait une large place à d'autres camarades : ils abondent à l'occasion des exercices d'agrégation. Et même cette place eût été plus considérable encore, si, commençant à être inquiet de la dimension, sans cesse grandissante, d'un ouvrage que nous n'aurions pas voulu voir dépasser les proportions d'une modeste plaquette, nous n'avions soudainement reconnu la nécessité d'abréger ces souvenirs. C'est ainsi qu'après être revenu sur nos pas, après avoir biffé tel ou tel nom qui se trouvait mentionné à propos des examens de la licence et du diplôme d'études supérieures, après avoir également renoncé à parler des jeunes gens fréquentés à l'École des Chartes, aux Hautes Études et au régiment, nous nous en sommes finalement tenu (résultats des concours exceptés) aux émules que Paul Fischer rencontra dans cette partie de sa « chère maison » où son activité se déploya de la manière la plus riante, dans les salles de conférences. Et encore, sur la liste même de ces émules, avons-nous dû opérer plus d'une suppression, en raison de l'insuffisance des indications que nous possédions sur certains d'entre eux, indications souvent vagues, ou tronquées, ou parfois contradictoires. Mais si nombreux que restent, malgré cela, les étudiants mentionnés de la sorte, nous ne les avons guère présentés au lecteur, il aura pu le remarquer, que travaillant à la Faculté des lettres ou, mais bien rarement, à l'École normale; nous ne croyons pas en tout cas les avoir nommés, si ce n'est à l'occasion d'un stage, quand nous les avons suivis hors de l'une ou de l'autre enceinte. Pourquoi donc avoir créé une exception concernant les quatre personnes citées plus haut? La réponse est très simple : c'est qu'elles nous avaient en quelque manière été désignées par le disparu lui-même. Une digression s'impose ici; qu'on nous la permette, quoiqu'elle doive nous conduire à anticiper légèrement sur les événements. Ces événements seront bientôt fort douloureux à raconter; le pénible chemin que nous aurons alors à parcourir en sera abrégé. Lorsque Paul Fischer crut imminent son envoi au feu, il pressentit nettement le sort qui l'attendait, et, dans la lettre d'adieu qu'il écrivit aux siens, il en inséra deux, du même caractère, qu'il ne se détermina pas à confier séparément à la poste, d'un fonctionnement à cette époque jugé par lui beaucoup trop incertain, ne voulant pas que l'une pût arriver à son adresse, et non l'autre; il pria dès lors ses parents — en fait, ce fut sa mère qui s'acquitta de la triste mission — de les remettre personnellement aux destinataires. Or ces destinataires, auxquels il demandait, après un ultime coup d'œil sur le passé, de ne pas oublier la bonne amitié qui les avait unis à lui, qui étaient-ils? L'un, M. Viaux; l'autre, M. Gateau. Une lettre semblable ne pouvait guère être adressée à Mlle Soto : une réserve particulière, et que

sans doute on comprendra, s'y opposait. Mais, participant
à la fois de l'époque du lycée et de celle de la Sorbonne,
cette jeune fille avait tenu une place trop considérable dans
l'existence de celui qui n'est plus, pour qu'elle n'en trouvât
pas une spéciale dans ce livre. Quant à M. d'Estournelles
de Constant, sa mort nous imposait le devoir de nous souvenir de la vive affection qu'il avait vouée à son camarade,
et à laquelle ce dernier avait fidèlement répondu. Nous
aurions consacré des pages et des pages à faire revivre son
compagnon d'études, et, lui, nous l'aurions oublié dans sa
tombe! C'était inadmissible.

Le 8 juillet au soir, le 79ᵉ régiment d'infanterie réintégrait la caserne Molitor.

Paul Fischer aussitôt ressentit un malaise indéterminé.
Il n'y attacha d'abord aucune importance, y voyant le
résultat des fatigues éprouvées et des conditions peu hygiéniques de l'existence menée depuis le départ pour le camp :
dans quelques jours, il n'en serait plus question! Erreur.
L'indisposition s'aggrava, et, dans la matinée du 14 juillet,
alors que, tout équipé, il allait se rendre à la revue avec sa
compagnie, il comprit qu'il serait vraiment incapable d'y
figurer : il pliait sous le sac, le fusil lui glissait des doigts,
les jambes avaient la pesanteur du plomb. Son capitaine
le dispensa sur-le-champ d'assister à la revue, et, le lendemain, le service médical le mettait en observation. A l'expiration de la seconde journée, il n'y avait plus de doute
possible : c'était la fièvre scarlatine; vite on le transportait
à l'hôpital militaire, dont il ne franchissait le magnifique

vestibule que soutenu, sous l'un et l'autre bras, par deux infirmiers.

Accourue auprès de lui, sa mère le trouva alité, mais traité remarquablement. Elle conservera toujours un souvenir ému des soins prodigués à cette heure par un praticien plein de cœur et de distinction, M. le médecin principal Vitoux; de l'autorisation que cet homme affable lui accorda de pénétrer presque à chaque moment auprès du malade, et, plus encore peut-être, des instructions qu'il voulut bien donner pour que pussent arriver jusqu'au chevet de ce dernier, des ouvrages et des publications de tout genre propres à adoucir les premiers instants de la vie d'hôpital. C'est alors que, la pensée fixée sur ses camarades engagés dans les épreuves du concours de l'agrégation, Paul Fischer se fit apporter le carnet dont précédemment nous avons déploré la perte. La fièvre ne tarda pas à prendre une tournure normale, et ce fut l'esprit, sinon complètement tranquille, du moins exempt de toute inquiétude sérieuse, que, pleinement rassurée d'ailleurs par l'excellent docteur, la mère du soldat revint à Paris.

Il n'était certes pas trop tard pour le faire; quelques jours de plus, c'eût été très différent.

Nous arrivons en effet au 24 juillet 1914, date, qui de si tôt ne sera pas oubliée, de l'ultimatum de l'Autriche à la Serbie.

Quelque inquiétante que fût la note diplomatique, on ne peut dire pourtant que les terribles conséquences qu'elle allait avoir sautèrent aux yeux; le cours de la vie ne s'en

trouva du moins pas affecté, et, dans une lettre du lendemain, Paul Fischer s'entretenait joyeusement encore avec
les siens d'une permission qu'il viendrait passer à Paris,
vers la fin d'août, pour y achever sa convalescence. Mais,
deux ou trois jours après, les esprits d'ordinaire les plus
enclins à l'optimisme perdaient toute assurance, et, le
31 juillet, chacun s'attendait aux pires éventualités :

« Je ne sais que penser d'événements qui se précipitent
d'une manière si singulière, écrivait le malade à sa famille
dans la matinée du samedi 1ᵉʳ août ; nous ne nous attendions à rien, quand cette nuit, vers neuf heures, nous
avons entendu par deux fois sonner la générale (j'ai compris tout de suite ce que cela signifiait), puis le canon de
Frouard a tonné à plusieurs reprises ; tout s'est tu après
minuit. Est-ce vraiment la guerre ? »

Hélas ! et avec elle, quel cortège de deuils, de douleurs
et de ruines !

Il continuait :

« Nous sommes sans nouvelles. Nous savons cependant
que tout a mobilisé à Nancy hier soir, qu'on a convoqué
même la classe 1889, que les réservistes sont partis en
hâte et avec enthousiasme. Quant à la garnison, elle avait
mobilisé depuis cinq jours, et tous les régiments avaient
quitté la ville dans la nuit de jeudi (chaque homme était
porteur de 120 cartouches). Ils seraient allés bivouaquer à
la frontière, où l'on fait, de part et d'autre, des retranche-
ments. Où est le 79ᵉ ? Où sont mes camarades ? Tués peut-
être ! Je ne sais ce qu'on va faire de moi : probablement

vais-je être évacué sur un hôpital de l'intérieur (Toul? Troyes?); ici tous les médecins sont partis. Et après? Il est évident qu'il n'est plus question de permission de convalescence, sans doute serai-je envoyé au feu d'ici trois semaines. Je suis d'ailleurs décidé à faire tout mon devoir, comme les autres; vous comprenez, n'est-ce pas? qu'en ces circonstances, l'intérêt de la nation est supérieur à celui de la famille. »

Quatre jours plus tard, parce qu'on avait souffert qu'il quittât le lit, il se croyait en droit de quitter l'hôpital :

« Chers parents, cette lettre est peut-être la dernière que vous recevrez de moi, car tout à l'heure, à la visite, je demanderai au médecin traitant d'abréger ma convalescence et de m'autoriser à rejoindre mon régiment dans une semaine, délai suffisant pour me permettre de récupérer les forces nécessaires à la dure vie de campagne. Je ne puis rester inactif et à l'abri, alors que tous mes camarades du 79ᵉ comme de Paris, de l'active ou de la réserve, sont ou seront au feu.

« Depuis que la guerre est déclarée, je ne me possède plus et je sens qu'un grand devoir m'appelle. Vous avez dû voir comment les Allemands se sont conduits, ils ont fusillé des gens inoffensifs; il faut absolument avoir raison de ces barbares et les écraser définitivement.

« Hier soir, les premiers blessés sont arrivés et j'ai aidé les infirmiers à les soigner. J'ai admiré avec quel calme ils supportaient les pansements les plus douloureux, demandant seulement qu'on les guérît le plus tôt possible pour leur permettre de retourner au feu. Ils m'affirmaient qu'en pleine action, on sent peu la douleur des blessures; nous verrons bien. »

Le docteur fut intraitable; il ne consentit en aucune façon à laisser contaminer une compagnie entière par un malade qui en était seulement à sa troisième semaine de soins; pour la fièvre scarlatine, on le sait, la durée minimum du traitement est de quarante jours.

Paul Fischer dut en prendre son parti. Il ne rencontra d'ailleurs pas plus de complaisance chez un autre médecin, celui d'un hôpital temporaire de Dijon où il fut transféré quelque temps après :

« Je me trouve, écrivait-il en effet le lundi 24 août, en traitement à Dijon, rue des Moulins, à l'école normale d'instituteurs. C'est là qu'ont été évacués, pour y achever leur convalescence, les malades transportables de l'hôpital de Nancy. Nous sommes partis samedi soir et ne sommes arrivés que ce matin à 3 heures; nous avions pris le train des blessés renvoyés sur l'arrière, spectacle épouvantable que je n'oublierai pas. En circulant parmi les brancards, je rencontrais çà et là des camarades, généralement atteints aux bras et aux jambes, surtout par des balles ou des shrapnells. C'est ainsi que j'ai appris que du 1ᵉʳ bataillon du 79ᵉ, la 1ʳᵉ compagnie seule a échappé; les 2ᵉ, 3ᵉ, 4ᵉ ne forment plus ensemble qu'un total de 50 hommes. La mienne ne comprend maintenant aucun officier d'active : le capitaine a le bras cassé par une balle (il a eu, paraît-il, une attitude superbe sous la mitraille); le lieutenant, qui commandait la section de mitrailleuses, a été déchiqueté par un obus, le sous-lieutenant, blessé. Le commandant est fait prisonnier.... »

Ces quelques lignes donnaient un aperçu nécessairement rapide, mais, aux détails près, exact, de l'affreuse hécatombe de Morhange. Si la mort s'était simplement approchée de M. Zivy et de M. Kiéner, resté, lui, entre les mains de l'ennemi, elle n'avait, en revanche, pas plus épargné M. Craman que M. Durosoy. Puis, auprès d'eux, était noblement tombé M. Raymond Samuel, jeune avocat lorrain au cœur chaud et à l'entrain communicatif, qui, à Nancy, avait plusieurs fois reçu dans sa famille celui dont, à grands traits, nous rappelons l'existence, comme la sienne éphémère. Hécatombe non terminée d'ailleurs, car à cinq jours de là, à Courbesseaux, M. Le Boucher d'Hérouville aurait une fin non moins glorieuse.

C'est le 28 août que les parents de Paul Fischer reçurent cette lettre. Or, de cette date au 13 septembre, ils demeurèrent sans nouvelles de leurs fils. Quelle inquiétude, surtout à l'approche des Allemands, arrivés presque aux portes de Paris! Toute communication avec la Côte-d'Or était-elle coupée? Le convalescent s'y trouvait-il toujours? Une lettre vint enfin. Paul Fischer fut aussitôt prié de dire, et sans retard, s'il pensait rester quelque temps encore à Dijon; dans l'affirmative, son père prendrait immédiatement rang à la gare de P.-L.-M. pour se rendre dans cette ville : en ce temps troublé où certaines lignes étaient fortement encombrées, les civils voulant gagner la Bour-

gogne devaient, s'ils n'y avaient un des leurs blessé, retenir
leur place comme à l'époque des diligences! La réponse
arriva le 20 seulement; c'était une carte datée du 16, et
d'un laconisme tout militaire :

« Je suis à l'armée depuis hier. Tout va bien. »

Et maintenant, nous voilà parvenu à la partie doulou-
reuse du récit. Brusquement la plume s'alourdit entre nos
doigts. Entrer désormais dans des développements analogues à ceux des pages précédentes, développements que
la tristesse nous a fait réduire déjà par rapport à la période
heureuse des études à la Sorbonne, serait positivement
au-dessus de nos forces. Nous n'aurons même plus le courage de déplier, afin d'en citer, de temps à autre, quelques
lignes, les rares lettres reçues du front, lettres toutes
écrites au crayon, tracées rapidement pendant que le canon
se taisait.

Ces lettres ne jetteraient, du reste, aucune lumière sur
les divers combats auxquels Paul Fischer prit part. L'autorité militaire avait interdit, dans les correspondances, tout
renseignement précis sur les actions engagées; cela suffisait : il respecta cette défense avec cette scrupuleuse observance de la discipline qu'il savait être en temps de guerre
le premier et le plus catégorique des devoirs. Un jour,
un seul, à la fin de septembre, il crut pouvoir, sans y
déroger, employer le mot vague de Picardie; il ajoutait
qu'il avait, par deux fois déjà, échappé à une mort plus que
probable. Quelque temps après, vers le milieu d'octobre,
il se félicitait encore d'avoir passé indemne à travers balles

et shrapnells, dans des engagements d'une extrême violence.

C'est qu'alors on se battait souvent, à découvert et de
près. Il ne suffisait pas d'avoir lutté de vitesse pour mettre
le littoral français de la mer du Nord hors des atteintes
des Allemands, il fallait continuer de leur barrer résolument la route de Calais, et un premier moyen, pour cela,
était de les retenir énergiquement ailleurs. Puis les tranchées n'avaient pas encore été partout organisées comme
elles le furent par la suite, et il était difficile, par conséquent,
de demeurer dans ce demi-repos que permit, presque dès
l'hiver, et jusqu'au mois de mai 1915, le parachèvement
du système; inaction toute relative du reste et, de plus,
partiellement imposée, on l'a su depuis, par le manque de
munitions.

Alors, aussi, les soldats placés dans les tranchées de première ligne n'étaient pas relevés avec la régularité qui
devint possible ultérieurement, et cela retardait considéra-
blement l'envoi des lettres aux familles. En écrivant, pour
la dernière fois, aux siens, le 23 octobre (c'était le 11
qu'il l'avait fait précédemment), Paul Fischer ne pouvait
taire ses regrets, non de cette position prolongée aux
avant-postes — il semblait, au contraire, s'y plaire particulièrement — mais de ce qu'elle ne lui avait pas permis
d'expédier plus tôt la carte qu'il avait en poche depuis
plusieurs jours déjà.

Dans quelle perplexité, bien qu'ils fussent habitués à
ces retards, se trouvèrent plongés ses parents, lorsque la

première dizaine de novembre se fut écoulée sans que le facteur eût apporté la moindre correspondance, on l'imagine aisément. Ils ne purent dompter plus longtemps leur inquiétude et, le 13, se rendirent à la mairie du XIVe arrondissement pour remplir une formule de demande de renseignements : la réponse serait là dans cinq jours, leur dit-on. Quand cependant, après avoir pris la file des personnes venues dans la même intention, ils se présentèrent pour connaître cette réponse, rien n'était arrivé. Croyant à la perte du bulletin, ils en rédigèrent immédiatement un nouveau; incapables toutefois d'attendre encore cinq jours, surtout lorsqu'on leur eut fait savoir, le surlendemain, que la demande avait été retenue pour un surcroît d'informations, ils écrivirent directement à Nevers, au dépôt du 79e régiment d'infanterie. Puis une autre lettre partait pour le front, à l'adresse de l'officier remplaçant, à la tête de la 3e compagnie, le brave capitaine Zivy, hors d'état de se battre depuis l'engagement de Morhange. Le 23 novembre, rien encore à la mairie; mais, le 28, arrivait de Nevers, directement, le talon de la seconde demande, avec cette annotation : « Jusqu'à ce jour, aucun avis fâcheux ne nous est parvenu concernant ce militaire. » Comment concilier ce renseignement avec le silence persistant de leur fils? L'enfant était-il blessé au point de ne pouvoir donner ou faire donner de ses nouvelles? Était-il prisonnier? L'un et l'autre peut-être. Alors le père continua avec le régiment, puis commença avec le ministère de la Guerre, avec le comité international de la Croix-Rouge de Genève, avec

toute une catégorie de personnes jugées aptes à le rensei-
gner, une correspondance sans fin ; elle n'est pas close, en
effet, car il en est encore à savoir, nous l'avons dit, où sont
les restes du disparu. En même temps, la mère errait, à
Paris, d'hôpital en hôpital, s'enquérant si, par hasard, des
soldats du 79ᵉ n'y étaient pas en traitement, en rencontrant
d'ailleurs parfois, mais ne trouvant jamais celui qu'elle
cherchait, et ne parvenant même pas à obtenir, des rares
blessés de ce régiment, la moindre indication, en raison
d'une incorporation récente. Une fois pourtant, elle eut
une lueur d'espoir : on lui signala comme étant soigné à
l'hôpital temporaire installé dans le magasin des Trois
Quartiers, près de la Madeleine, un sous-officier de la
3ᵉ compagnie. Blessé au début de septembre, il avait, hélas !
quitté le régiment avant la guérison du soldat.

Ce supplice devait prendre fin le dimanche 6 décembre ;
il allait, c'est vrai, être remplacé par un autre qui, lui,
n'aurait pas la même brièveté.

Ce jour-là, en effet, à midi — il est des heures qu'on
n'oublie pas — un représentant du maire du xivᵉ arrondissement vint au domicile des parents, et officiellement
leur notifia la mort de leur fils, survenue le 29 octobre,
dans un combat devant « Mouchy ».

Le 29 octobre ! Il y avait donc plus de six semaines déjà
que, sans le savoir, ils se trouvaient en face de l'irréparable.

Qu'ajouter maintenant qui ne ravive de douloureux
souvenirs ?

Que d'explication en explication, Mouchy devint ulté-

rieurement Monchy, puis, car les localités de ce nom ne
sont pas rares dans le nord de la France, Monchy-au-Bois,
village dépendant du canton de Beaumetz-les-Loges et situé
au sud-ouest d'Arras, à 15 kilomètres environ ; qu'arriva
enfin, vers le milieu de décembre, une lettre, datée du 11,
de l'officier commandant alors la 3e compagnie du 79e.
Elle apportait de terribles précisions :

« Monsieur, disait-il notamment au père du défunt,
votre fils est tombé glorieusement, face à l'ennemi, le
28 octobre, devant le village de Monchy (Pas-de-Calais).
Il s'était porté à l'attaque avec sa section et était arrivé à
un chemin creux à 100 mètres de la lisière. Il faisait sa
tranchée, quand une balle le frappa en plein visage.... »

La mort avait été instantanée, ajoutait la lettre, détail
qui, dans sa tragique concision, avait, à tout prendre
cependant, une portée éminemment consolante : du moins
le brave enfant n'aurait pas souffert ! A cet égard certes,
on ne devait pas mettre en doute la parole de l'honorable
officier ; mais sa loyauté offrait-elle un criterium suffisant
de la réalité du fait ? S'il ne s'était trouvé là au moment
fatal (leurs lettres ou les siennes s'égarèrent-elles ? les parents de la victime ne reçurent plus de lui aucun renseignement), ceux de ses subordonnés qui rapportèrent les
circonstances de la mort avaient-ils eu les moyens, et même
le temps, d'établir solidement leur opinion ? Question
extrêmement troublante pour la famille, apprenant ultérieurement : par une voie, que le décès avait eu lieu en
pleine nuit, à 2 heures du matin (ce qui expliquerait la

mention, dans la lettre, de la date du 28, au lieu de celle du 29, figurant partout ailleurs); et, par une autre, qu'en raison de la violence du combat, l'inhumation n'avait pu être effectuée par les soins du régiment. Il semble bien pourtant que la mort immédiate ne doive pas faire question. Une personne astreinte à de fréquentes tournées sur le front profite de l'une d'elles pour obtenir des détails; elle interroge des soldats qui ont vu tomber Paul Fischer, et ceux-ci d'exprimer, à leur tour, la croyance en laquelle ils sont que leur « excellent camarade » a expiré sur le coup.

Il existe toutefois une variante, légère à la vérité, touchant le lieu même du décès. D'après une lettre du dépôt, en effet, Paul Fischer aurait été « tué d'une balle à la tête *en avant* d'un chemin creux qui se trouve à *60 mètres* environ de la lisière sud de Monchy-au-Bois. »

Mais à la fin de décembre, les choses étaient bien loin de se présenter avec cette précision, si imparfaite qu'elle demeure encore. Aussi, se reprenant à espérer contre toute espérance, les parents se refusaient-ils (les journaux avaient signalé déjà mainte erreur) à considérer comme irrévocable la nouvelle qui était venue leur broyer le cœur. C'est le 20 janvier que le doute cessa vraiment d'être possible. Alors, surmontant leur abattement, ils se résignèrent à l'envoi des cartes de faire part. Au bas de ces cartes, ils firent imprimer, à l'intention des personnes ayant connu leur fils, ces lignes extraites d'une lettre que le pressentiment de sa fin lui avait inspirée, et qui pouvaient, par suite, être regardées comme son testament moral :

« Je m'attends à tout, mais peu importe. Si je succombe, j'aurai fait mon devoir. En cela, mes chers parents, n'allez pas croire que je vous oublie. Je sais ce que je puis perdre, et aussi la douleur que je vous cause involontairement. Cette douleur est celle de toutes les familles françaises; il ne faut pas penser qu'à moi, mais à la grande cause pour laquelle je vais me battre. »

LE DISPARU

Une mort prématurée n'a pas permis à Paul Fischer de tirer parti de l'outil qu'il avait passé toute une jeunesse à forger, de donner sa mesure comme historien, de se faire un nom. Selon toute apparence dès lors, il aura le sort de milliers de devanciers dont la fin fut semblable : l'oubli viendra vite.

Jusqu'à ce qu'elle s'éteigne toutefois, sa mémoire sera d'une singulière pureté. Nous n'insisterons pas, mais des plumes plus libres que la nôtre préciseront notre pensée. La réserve que nous nous sommes imposée au cours de cet ouvrage, celle du moins dont nous avons cherché à ne pas trop nous écarter, car nous ne nous flattons pas d'y être absolument parvenu, ne doit pas empêcher l'achèvement du portrait moral du disparu; le lecteur y a droit, ce semble, autant qu'à l'image matérielle placée au commencement du livre.

Nous avons donc demandé à quelques-unes des personnes dont les lettres de condoléances vinrent, pour un instant, atténuer notre douleur, de nous permettre de reproduire ce qu'elles dirent alors de lui.

C'est par ces citations que se terminera l'ouvrage.

Auparavant, nous mentionnerons, pour ne pas être inutilement incomplet, qu'au lendemain de l'envoi des cartes de faire part, plusieurs journaux quotidiens crurent devoir relater la mort du soldat; en quels termes toutefois cela eut lieu, et quels furent même ces journaux, nous sommes dans l'impossibilité de le dire : notre attention, à ce moment, était tournée d'un autre côté.

Mais nous signalerons un numéro — avril 1915 — de la *Revue universitaire*, qui mit en relief, après la *Revue pédagogique*, les paroles imprimées au bas de ces cartes.

Déjà dans son tirage de janvier-février, la *Revue historique* avait consacré quelques lignes de la chronique à la mémoire de l'agrégé; nous les aurions d'ailleurs reproduites, si, dans le fait de renvoyer le lecteur à l'article même, qui était de M. Charles-Victor Langlois, nous n'avions vu un moyen d'attirer l'attention sur d'autres universitaires, dont la mort au champ d'honneur a, un peu plus tôt, un peu plus tard, inspiré de semblables notices aux rédacteurs de ce si intéressant périodique.

C'est animé encore de cet esprit que nous recommanderions aux personnes qui en auraient la faculté, de vouloir bien feuilleter également le *Bulletin administratif du ministère de l'Instruction publique*. Là se trouve le Livre d'Or de l'Université. Leurs regards s'arrêteront sans doute sur la mention dont, à la 18ᵉ page, Paul Fischer y est l'objet; mais ils se porteront pareillement, nous en sommes certain, sur toute une phalange de braves qui, eux aussi, expirèrent en faisant face à l'ennemi, ou succombèrent à leurs blessures. Nous avons, quant à nous, pieusement cherché, parmi ces nobles victimes, celles dont le nom avait figuré aux chapitres de l'étudiant. L'absence très fréquente des prénoms et la désignation peu précise parfois des situations, ou des emplois, ne nous ont permis d'en découvrir qu'un nombre inférieur certainement à la réalité. En voici cependant au 21 avril 1917, date à laquelle nous avons dû arrêter nos recherches, quatorze sur l'identité desquelles, hélas! le doute ne semble pas possible, ou ne le semble guère :

M. Truchon   (1re page),
M. Pascal   (6e page),
M. Reverdy   (9e page),
M. Gorceix   (14e page),
M. Pla   (14e page),
M. Garcement   (24e page),
M. Bouillerot (36e page),
M. Fairise   (43e page),
M. Barbelenet (54e page),
M. Gonnet   (62e page),
M. Aussière   (77e page),
M. Lévêque   (81e page),
M. Rey   (97e page),
M. Conte   (121e page).

D'autre part, l'avant-dernier numéro (janvier-février) de la *Revue historique* nous a appris la mort de M. Renaud et de M. Pousse.

D'anciens condisciples de l'école Pape-Carpantier, de Chaptal, de Carnot firent aussi au pays le sacrifice de leur vie; à cet égard toutefois nos renseignements se sont trouvés moins positifs encore. On nous a parlé d'un des frères Bouteille, mais vaguement. Par contre, en parcourant le tableau d'honneur placé dans le vestibule du lycée Carnot, nous avons vu avec une peine profonde que MM. Albert Blutel, René Chérot, Louis Forest-Defaye, Louis Heïmann étaient de ceux que le sort n'avait pas épargnés; puis *le Matin* du 25 novembre 1916 contenait une nouvelle d'une égale tristesse touchant M. Jean Morin.

Devant tous ces jeunes gens, inscrits ou non inscrits sur le Livre d'Or de l'Université; devant Édouard Flamant, dont la fin fut semblable; devant deux de leurs éducateurs dont nous eûmes l'occasion de parler, et dont le sang également se trouva mêlé avec le leur, MM. A. Mairey et Albert Malet; devant les Le Boucher d'Hérouville, les Craman, les Durosoy, les Raymond Samuel, et un autre vaillant du 79ᵉ dont pour l'instant notre cœur se serre à ajouter le nom (quelques pages encore pourtant, et il faudra bien nous y résoudre); devant enfin les morts glorieux ignorés de nous, ou qui n'ont pu figurer dans le cadre restreint de cet ouvrage, nous nous découvrons respectueusement, sans parvenir à dominer l'émotion qui nous étreint. Valeureux enfants de notre vieille France, comme la beauté de votre sacrifice scintille en ce moment à nos yeux! Par vous la tradition nationale a été maintenue, de vous elle a reçu un nouveau lustre, vous avez été dignes de vos aïeux. Quel auguste suaire vous enveloppe! et quel contraste il établit entre votre attitude et celle, non pas seulement des conducteurs de peuples dont la sinistre am bition précipita vos jours, mais de leurs soldats eux-mêmes : martyrs magnifiques, vous n'aurez point trempé dans une guerre d'agression odieuse, vous n'aurez pas été abattus comme des larrons pénétrant par effraction dans la maison confiante, vous serez tombés en champions immaculés du droit, se dressant contre le crime et la barbarie. Puisse le sentiment d'une mission si haute avoir adouci vos derniers instants, alors peut-être que d'un regard qui déjà s'éteignait, vous cherchiez, par delà l'espace, les êtres chers au foyer desquels votre place allait à jamais rester vide! Ah! si, chose impossible tant elle serait monstrueuse, vous veniez à être oubliés, si vous veniez à l'être des personnes mêmes qui vous doivent d'avoir échappé, avec leurs femmes et leurs filles, aux atrocités, aux outrages dont la Belgique et nos départements du Nord ont été le théâtre, nous du moins nous ne vous oublierons pas. Vous occuperez toujours une place dans notre pensée, vous l'occuperez aux côtés du soldat qui, devant Monchy-au-Bois, mourut comme vous pour la patrie bien-aimée.

Il ne nous reste plus maintenant qu'à reproduire les condoléances dont il a été question il y a un moment. Nous allons donc laisser parler des professeurs du lycée Carnot et de la Sorbonne, ainsi que des compagnons d'études des dernières années. Si désireux toutefois que nous soyons d'achever d'éclairer la personnalité du dis-

paru, nous ne le sommes pas au point de vouloir ce résultat au prix d'un panégyrique. De ces maîtres ou de ces
camarades, par conséquent, le lecteur souffrira que nous
ne publiions qu'un petit nombre de lettres; et même de
ces lettres, la première exceptée, nous donnerons, s'il y
consent en outre, de simples extraits, afin de pouvoir,
sans nous départir de cette brièveté, faire connaître aussi
la pensée d'officiers du 79ᵉ. Mais à quelles difficultés cette
résolution d'être court nous a-t-elle acculé! Pourquoi en
effet, à justesse égale des sentiments exprimés, citer telle
lettre plutôt que telle autre? Souvent, après en avoir mis
une de côté, nous la retrouvions entre nos mains. Ces
hésitations dureraient encore, si les principes ayant servi
d'assises à l'éducation du disparu, principes dont nous parlâmes incidemment au cours du précédent chapitre,
n'étaient venus nous offrir le moyen de sortir d'embarras :
c'était de nous arrêter aux condoléances pouvant mettre en
relief le caractère, les qualités morales du jeune homme
préférablement à la valeur intellectuelle et — l'on est toujours indulgent dans ces correspondances — à l'érudition
de l'agrégé. En négligeant d'ailleurs, autant que le permettrait le contexte, de signaler des avantages surtout
brillants, nous ne serions pas seulement sur un terrain de
notre goût; l'ombre de l'étudiant si simple, qu'on a vu
reculer même devant l'inscription d'un grade universitaire,
sur ses cartes de visite, s'y trouverait non moins à l'aise.
Si éloge il y avait encore, ce serait dès lors en effet l'éloge
du devoir, du devoir éternel, bien plus que celui du mo

deste passant qui, dans sa course d'un jour, en aperçut la
sereine beauté. Les personnes dont nous ne publions pas
les condoléances, malgré l'autorisation que, sur une
démarche un peu précipitée de notre part, et dont nous
nous excusons, elles nous avaient affectueusement donnée,
ne nous en voudront point, nous l'espérons, d'avoir été
conséquent à nous-même en préférant une dernière fois
dans l'acier la trempe à l'éclat.

PROFESSEURS DU LYCÉE

De M. Colonna d'Istria (aujourd'hui à Louis-le-Grand) :

« Monsieur et Madame,

« J'ai appris avec une grande tristesse le malheur cruel
qui vous a frappés. Je suis très touché de ce que vous avez
bien voulu m'en faire part. Je m'associe avec une profonde
et respectueuse sympathie à votre douleur. J'avais gardé
du fils admirable que vous avez perdu un souvenir très
affectueux. Par sa conduite, par son caractère, par ses
succès, il avait été un modèle pour ses camarades pendant
l'année qu'il avait passée avec moi. J'ai lu avec une vive
émotion le passage si beau d'une de ses lettres que vous
avez eu la pensée touchante de reproduire pour ceux qui le
connaissaient et qui ont retrouvé dans ces lignes toute la
pureté et toute la noblesse de son âme. Parmi les jeunes
amis que cette guerre terrible m'a enlevés, votre fils est
l'un de ceux auxquels je penserai le plus souvent avec

tristesse et aussi avec fierté. Je vous prie, Monsieur et Madame, d'accepter l'expression émue de toute ma profonde et respectueuse sympathie.

« F. Colonna d'Istria. »

De M. Fallex (à Louis-le-Grand également, aujourd'hui) :

« Je salue bien bas en votre cher fils, mon ancien élève devenu mon collègue, un martyr de la grande cause. Il est tombé en héros, sublime, avec la conscience claire du devoir.... »

PROFESSEURS DE LA SORBONNE

De M. Glotz :

« .... Le brave enfant que vous pleurez n'avait que des amis parmi ses maîtres comme parmi ses camarades. Quant à moi, je m'étais cordialement attaché à lui pendant les années où il a suivi mes conférences. C'était un si gentil esprit et qui donnait tant d'espérances! Cette perte me touche comme s'il s'agissait pour moi d'un élève qui serait un peu mon parent. Et, si j'avais pour lui une haute estime, cette lettre de lui, que personne autour de moi ne peut lire sans en être ému et qui me touche jusqu'au fond du cœur, fait voir pleinement ce qu'était sa belle âme. Vous perdez beaucoup. Mais soyez d'autant plus fiers. Dites-vous que tous ceux qui conserveront pieusement son souvenir s'inclineront avec respect devant vous qui avez fait un si grand sacrifice à la patrie, et suivez le suprême conseil qu'il vous a envoyé avant de mourir. »

De M. Pfister :

« .... Je vous adresse mes condoléances bien émues. Je tiens à vous répéter la haute estime en laquelle je tenais votre enfant; il avait fourni une grande somme de travail et par son intelligence, par son application, il nous aurait donné un historien. Quand je me suis employé à le faire entrer dans la 3ᵉ Compagnie du 79ᵉ de ligne, je ne me doutais point que ce poste d'honneur dans un régiment de Nancy, ce serait la mort. Il l'a acceptée avec courage et la lettre de lui que vous avez imprimée est héroïque.... »

COMPAGNONS D'ÉTUDES

De M. Elie Debidour :

« C'est avec une profonde émotion que j'ai reçu la terrible nouvelle que vous avez bien voulu me faire parvenir. Je n'avais jamais oublié mon bon et charmant camarade Fischer, et je revois, à la lueur de ce cruel événement, les détails de notre courte vie commune, notre vie de Sorbonne, notre stage au collège Rollin, où j'appréciai plus encore son intelligence.... Ce sont donc là des souvenirs que je ne pourrai plus faire revivre avec lui! Mais sa fin glorieuse me les rend sacrés. Permettez-moi de me compter parmi ceux qui conserveront pieusement sa mémoire. Avec l'amer regret de n'avoir pu mieux connaître une âme si noble, et celui de la voir perdue pour tous, je voudrais vous exprimer mes sentiments de respectueuse sympathie, et mes remerciements d'avoir, dans votre peine, bien voulu penser à moi. »

De M. Georges Kauffmann :

« .... Je perds en Paul Fischer l'un de mes meilleurs camarades. J'avais appris à le connaître dans une collaboration de tous les instants. C'était un caractère toujours égal et foncièrement bon.... C'était un travailleur infatigable, un esprit clair.... Je lui devais beaucoup, et jamais je n'oublierai la sollicitude avec laquelle il dirigea nos études pendant une année entière. Sa mort me cause le plus profond chagrin et je prends à votre douleur la plus grande part.... »

De M. André Paul (après avoir, pendant des mois, fait vaillamment le coup de feu, comme chasseur à pied, cet ami du disparu est tombé, en octobre 1915, entre les mains des Allemands; pour qui connaît la manière dont ces barbares ennemis savent entraver les communications avec les malheureux soldats internés dans leur pays, il est superflu d'ajouter que cette lettre est publiée sans l'autorisation du prisonnier; mais sa mère, qui est au nombre des Françaises que la guerre a durement éprouvées — un autre de ses enfants, M. Alfred Paul, était tué dans la Somme dès novembre 1914 — a tenu à lever nos scrupules, en nous assurant par avance de l'assentiment de l'absent) :

« .... A la Sorbonne comme à l'École des Chartes, nous avons été, votre cher fils et moi, excellents camarades. Il s'est toujours montré plein de complaisance pour moi; étant mon aîné sur le chemin des diplômes, il m'a très souvent conseillé et guidé. C'était une nature droite et chaude et un travailleur acharné. Il meurt sans une plainte, bien au contraire, ne songeant qu'à la douleur des êtres aimés et à la cause que nous servons.... Je garderai fidèlement le souvenir de l'excellent camarade fièrement tombé au champ d'honneur.... »

De Mlle Lucy Soto :

« .... Je connaissais bien votre fils, et nous avions même des souvenirs communs : nous avions passé notre baccalauréat ensemble. Je nous revois encore, confrontant nos brouillons de version latine, à la sortie de la salle d'examens! Depuis, nous nous rencontrions souvent en Sorbonne. Il n'était pas de meilleur camarade, plus dévoué et plus modeste, d'une modestie presque excessive. Il n'en était pas non plus qui donnait davantage une impression de loyauté et de conscience absolue du devoir. Aussi la lettre dont j'ai lu un extrait sur le faire part ne m'a-t-elle pas surprise. Je l'ai reconnu là tout entier, dans sa façon, très simple, d'accepter un devoir actuel avec tous ses périls, comme on accepte une tâche journalière, comme il eût accepté ses responsabilités de professeur, s'il avait eu le temps de commencer une carrière qui s'ouvrait brillamment pour lui.... »

Lors de l'impression des cartes de faire part, les parents du soldat estimèrent qu'ils devaient en adresser une au dépôt du 79ᵉ d'infanterie, non certes afin de lui apprendre une mort qu'il avait connue bien avant eux, mais afin de lui marquer leur gratitude pour le tact remarquable, et l'indéniable obligeance, dont sa correspondance avait été empreinte. Deux cartes furent même envoyées à Nevers : la seconde circulerait parmi les camarades du disparu éventuellement présents dans cette ville. Ignorant où se trouvait M. Zivy, la famille demandait, en outre, au dépôt, l'adresse de cet officier, afin de pouvoir lui adresser également ment un billet de part.

Sans attendre ce billet, M. Zivy écrivait la lettre suivante :

« Madame et Monsieur,

« Vous avez été cruellement frappés dans vos affections, en même temps que dans vos espérances les plus justifiées.

« Je n'essaierai pas de trouver des mots de consolation : votre fils, avant de mourir pour la France, s'en est chargé lui-même d'une façon magnifique.

« Mes yeux se sont mouillés à la lecture des nobles paroles qu'il a su trouver pour, d'avance, vous consoler.

« C'était une nature d'élite, et j'étais fier d'avoir contribué à sa formation militaire; extrêmement touché en même temps de m'être assuré sa sympathie, et d'avoir gagné, par là même, la vôtre.

« Son souvenir restera dans ma mémoire, comme il sera inscrit sur le livre d'Or de l'Université.

« La carte de faire part m'a été simplement communiquée, je serais très désireux d'en posséder une, en propre.

« Veuillez agréer, Madame et Monsieur, avec mes condoléances bien attristées, l'assurance de mes sentiments respectueux.

« C^{ne} P. Zivy.
79e Nevers. »

La mort est venue glacer la main qui traça ces lignes touchantes. A peine rétabli de ses blessures, le grand patriote qu'était le capitaine Zivy voulut reprendre sa place sur le front. Sa présence devait y être brève. Le 9 mai 1915, au cours d'un combat dans la région d'Arras, il entraînait brillamment ses hommes à l'assaut, lorsqu'une balle l'atteignit à la poitrine, et une autre, à la cuisse. Il succombait cinq jours après. Mme Zivy put le revoir avant qu'il expirât, et entendre alors ces nobles et simples paroles, dans lesquelles celui qui, par son caractère et par sa vaillance, fut et demeurera toujours, à nos yeux, le type achevé de l'officier, avait, avec son dernier souffle, mis sa dernière pensée : « C'est pour la France ».

Mais, en relatant cette fin glorieuse, nous avons anticipé sur les faits.

Nous y revenons et, en même temps, terminons le livre.

A l'envoi des billets de part, le Dépôt répondit par la lettre suivante :

« Monsieur,

« J'ai bien reçu les deux avis mortuaires concernant votre brave et digne enfant et les ai communiqués aux officiers et homme de troupe. Je vous adresse une copie du rapport journalier où l'exemple de votre héros est porté à la connaissance du régiment.

« Le capitaine Zivy est actuellement au Dépôt à Nevers, je lui ai communiqué votre lettre.

« Avec l'expression de mes condoléances émues, croyez, etc.... »

Copie du rapport :

DÉCISION DU 29 JANVIER 1915

« .... Décès d'un soldat du 79ᵉ. — Monsieur et Madame Fischer ont envoyé une lettre au Commandant du Dépôt, au sujet de leur fils, tué au combat de Monchy-au-Bois, ainsi que le contenu d'une lettre que ce soldat écrivait à sa famille.

« Le Commandant tient à en prendre un extrait qui devra être lu à tout le monde, afin que chacun en fasse son profit. Le soldat écrivait : « Je m'attends à tout, etc. (*suit le fragment porté au bas des cartes de faire part*). »

Nous nous reprocherions de ne pas donner le nom de l'officier supérieur auquel vint la pensée, française par excellence, d'exalter le sentiment du devoir au moyen des paroles d'un simple soldat : c'est M. le Major Vuillemin.

A des parents en deuil de leur unique enfant, aucune mesure, ajoutons-le avant de poser la plume, n'était capable de causer émotion plus sereine et plus pure : mort, leur fils avait pu servir encore son pays.

FIN

INDEX DES NOMS

ABRÉVIATIONS PRINCIPALES

aut.   *auteur.*

C.   *au lycée Carnot.*

Ch.   *au collège Chaptal.*

cond.   *condisciple de Paul Fischer.*

ét., ét^te   *étudiant, étudiante* (sont compris, selon le cas, sous l'une ou sous l'autre qualification, non seulement les étudiants au sens courant du mot, mais encore tout candidat à l'agrégation d'histoire et de géographie, quel que soit son âge ou son emploi, le vocable recevant ici l'acception large que lui donnait M. Chevreul, quand, presque centenaire, il prenait plaisir à se dire le plus vieil étudiant de France).

F.   *à la Faculté des lettres de Paris.*

Fs.   *à la Faculté des sciences de Paris..*

J.   *du jury de l'agrégation d'histoire et de géographie.*

P.   *à l'école Pape-Carpantier.*

prof.   *professeur* (dénomination comportant la signification la plus étendue : professeur titulaire, professeur adjoint, maître de conférences, chargé de cours, délégué, suppléant, etc.).

rép.   *répétiteur.*

A

ABENSOUR (Léon), *ét.*, 114, 136, 139, 153, 155, 156, 158.

AGABRIEL (Ferdinand), *censeur du lycée Carnot*, 42; — *prof. C.*, 56, 63. 75.

AIMÉ, *colonel du 79ᵉ rég. d'infanterie*, 189.

ALAPETITE, *préfet honoraire*, 81.

ALAZARD, *ét.*, 136, 139, 140.

ALBERT, *prof. au lycée Condorcet*, 80.

ANDRAL, *ét.*, 134, 146, 168.

ARDAVANI (Joachim), *cond. Ch.*, 29.

ARNAUD, *ét.*, 136, 153, 156, 158.

ARNAUDET (J.-E.), *prof. C.*, 72; — *aut.*, 75.

ARON (Gustave), *cond. C.*, 42.

ASSADA, *ét.*, 136, 139, 140.

AUGER (Léon), *cond. Ch.*, 29.

AULARD (Alphonse), *prof. F.*, 95, 107, 111, 126, 166, 167, 168.

AUSSIÈRE (Camille), *ét.*, 148, 153, 156, 158, 229.

B

BAIZE (Paul), *cond. C.*, 42.

BARAU, *prof. C.*, 52.

BARBELENET, *ét.*, 177. 178, 179, 229.

BARRAU-DIHIGO, *prof. F.*, 199.

BARRAULT, *ét.*, 153, 156.

BASCHET, *cond. C.*, 42.

BATICLE (René), *ét.*, 107, 131, 136, 139, 177, 178, 179.

BEAUPARLANT (Mlle Blanche), *directrice de l'école Pape-Carpantier*, 11, 15, 46.

BÉNASSY (Félix), *prof. C.*, 75; — *aut.*, 75.

BENOIT (Maurice), *cond. C.*, 42.

BERGER (Élie), *prof. à l'École des Chartes*, 97.

BERNARD, *ét.*, 177, 178, 179.

BERNARD (A.), *prof. F.*, 111, 143.

BERNARD (Henri), *prof. C.*, 63.

BERTAUX (Émile), *prof. F.*, 165, 200.

BERTRAND (Jean), *cond. C.*, 42.

BEUCLER (Maurice), *ét.*, 102. 112, 137, 144, 145, 147, 153, 156, 177, 178, 179.

BILLARD, *prof. Ch.*, 25.

BILLET, *cond. C.*, 42.

BINGER, *directeur au ministère des Colonies*, 58.

BIROT, *prof. C.*, 67.

BLET, *ét.*, 177.

BLOCH (Camille), *prof. F*, 105.

BLOCH (Gustave), *prof. F.*, 130, 149.

BLOCH (René), *ét.*, 114, 137, 139.

BLUM (Edgar), *ét.*, 131.

BLUM (Maurice), *cond. C.*, 42, 85.

BLUTEL (Albert), *cond. C.*, 42, 230.

BLUTEL (Marcel), *cond. C.*, 42.

BONNET (Henri), *ét.*, 134, 145,

H

HAMEL, *prof. C.*, 75, 76,

HAPPE (Maxime), *cond. Ch.*, 20.

HEÏMANN (Louis), *cond. C.*, 42, 230.

HERBET (Jean), *cond. Ch.*, 29.

HODEN, *ét.*, 153, 156, 158.

HOLLEAUX, *prof. F.*, 95, 143, 165, 166, 170.

HUISMAN (Georges), *ét.*, 144, 145, 146, 153, 156, 158.

HUMBERT, *surveillant général du collège Chaptal*, 28.

I

INGELBACH (Gaston), *cond. C.*, 42.

ISTRIA, *ét.*, 177.

J

JACOB (André), *cond. Ch.*, 29.

JAHAN, *ét.*, 134, 145, 147, 168, 169.

JALLIFFIER (R.), *inspecteur général de l'Instruction publique*, 136; — *président J.*, 136, 152; — *aut.*, 63.

JARDÉ, *prof. au lycée Lakanal*, 173; — *membre J.*, 173.

JARDILLIER, *ét.*, 177, 178, 179.

JONNET, *prof. C.*, 45, 50, 56, 63, 67, 72, 75.

JORDAN (Édouard), *prof. F.*, 165.

JOURNET (Guy), *cond. C.*, 42.

K

JOUVANEL (René), *cond. Ch.*, 29.

KAUFFMANN (Georges), *ét.*, 134, 145, 148, 166, 168, 169, 171, 236.

KELLER, *ét.*, 148, 153, 168, 169.

KESTERNICH, *prof. C.*, 73.

KIÉNER, *s.-lieutenant au 79ᵉ rég. d'infanterie*, 191, 216.

KŒRNER (Édouard), *cond. C.*, 42, 85.

L

LABROSSE (Eugène), *cond. Ch.*, 29.

LACOSTE, *ét.*, 102, 112, 124, 131, 177, 178.

LACROIX, *cond. C.*, 42.

LACUSSOL, *ét.*, 177.

LAGER, *ét.*, 137, 177, 178.

LAJUSAN, *ét.*, 137, 146, 153, 155, 156, 177, 178.

LANGLOIS (Charles-Victor), *prof. F.*, 95, 97, 98, 100, 101, 103, 106, 110, 111, 131, 144, 147, 166, 170; — *directeur des Archives nationales*, 170, 197, 228.

LANSON, *ét.*, 137, 139, 140.

LARNAUDE, *ét.*, 137, 139, 153, 156, 158.

LASNE, *ét.*, 137, 139, 153, 156, 177, 178.

LAURENT, *ét.*, 137, 153, 155, 168, 169, 177, 178.

TABLE DES MATIÈRES

PARIS

IMPRIMERIE GÉNÉRALE LAHURE

9, RUE DE FLEURUS, 9

content.com/pod-product-compliance
ent Group UK Ltd.
Keynes, MK11 3LW, UK
1B/135